Los **5**
Lenguajes
del **amor**

Los 5 Lenguajes™ del amor

El secreto del amor que perdura

GARY CHAPMAN

Unilit   Sepa

Publicado por
Editorial Unilit
Miami, Fl. 33172
Derechos reservados

© 2011 Editorial Unilit (Spanish translation)
Primera edición 2011

Originalmente publicado en inglés por Northfield Publishers con el título:
The Five Love Languages por Gary Chapman.
© 1992, 1995, 2004, 2010 por Gary Chapman.
Traducido con permiso.
Todos los derechos reservados.
*(This book was first published in the United States by Northfield Publishers,
820 N. LaSalle Blvd., Chicago, Illinois, 60610 with the title: The Five Love
Languages, copyright © 1992, 1995, 2004, 2010 by Gary Chapman.
Translated by permission.)*

Traducción: Guillermo Vázquez y Nancy Pineda
Edición de la versión actualizada: Nancy Pineda
Diseño de la portada: Smartt Guys design
Fotografía de la portada: Michael Powers/Photolibrary (playa); Eric Horan/
Photolibrary (pareja); Cindy McIntyre/Photolibrary (corazón)
Fotografía del autor: Alysia Grimes Photography

A menos que se indique lo contrario, las citas bíblicas se tomaron de la
Santa Biblia, *Nueva Versión Internacional.* © 1999 por la Sociedad Bíblica
Internacional. Usadas con permiso.

Producto 495755
ISBN 0-7899-1835-8
ISBN 978-0-7899-1835-2

Impreso en Colombia
Printed in Colombia

Categoría: Vida cristiana/Relaciones/Amor y matrimonio
Category: Christian Living/Relationships/Love & Marriage

A Karolyn,
Shelley y Derek

Otros libros de Gary Chapman

Los cinco lenguajes del amor: Edición para hombres

Los cinco lenguajes del amor de los niños

Los cinco lenguajes del amor de los jóvenes

Los cinco lenguajes del amor para solteros

La esencia de los cinco lenguajes del amor

Los cinco lenguajes de la disculpa

El matrimonio que siempre ha deseado

Esperanza para los separados

El enojo

Contenido

Reconocimientos

El amor comienza, o debe comenzar, en el hogar. Para mí eso significa Sam y Grace, papá y mamá, quienes me han amado por más de sesenta años. Sin ellos todavía estaría buscando el amor en lugar de escribir sobre él. El hogar también significa Karolyn, con quien he estado casado por más de cuarenta años. Si todas las esposas amaran como lo hace ella, pocos hombres estarían buscando más allá de la cerca. Shelley y Derek están ahora fuera del nido explorando nuevos mundos, pero me siento seguro del calor de su amor. Soy bendecido y estoy agradecido.

Estoy en deuda con muchos profesionales que han influido en mis conceptos del amor. Entre los mismos están los psiquiatras Ross Campbell y Judson Swihart. Por la ayuda editorial, estoy en deuda con Debbie Barr y Cathy Peterson. La experiencia técnica de Tricia Kube y Don Schmidt hizo posible que cumpliera con los plazos de publicación. Por último, y lo más importante, quiero expresarles mi gratitud a los cientos de parejas que, en los últimos treinta años, me han hablado del lado íntimo de sus vidas. Este libro es un tributo a su sinceridad.

LOS 5 LENGUAJES DEL AMOR

Palabras de afirmación

Tiempo de calidad

Regalos

Actos de servicio

Toque físico

capítulo 1

¿Qué le pasa *al* amor después *de la* boda?

A más de nueve mil metros de altura, en algún lugar entre Buffalo y Dallas, puso su revista en el bolsillo de su asiento, se volvió hacia mí y preguntó:

—¿En qué trabaja usted?

—Hago consejería matrimonial y dirijo seminarios para el enriquecimiento del matrimonio —dije sin rodeos.

—Siempre he deseado preguntarle esto a alguien —dijo—. ¿Qué le pasa al amor después que uno se casa?

Renunciando a mis esperanzas de echar una siesta, pregunté:

—¿Qué quiere decir?

—Bueno —dijo—, he estado casado tres veces y, cada vez, era maravilloso antes de que nos casáramos, pero de alguna manera todo se derrumbaba después de la boda. Desaparecía todo el amor que pensaba que tenía por ella y todo el amor que parecía que tenía ella por mí. Soy una persona bastante inteligente. Dirijo un negocio exitoso, pero no lo comprendo.

—¿Cuánto tiempo estuvo casado? —le pregunté.

—La primera vez duró unos diez años. La segunda vez, estuvimos casados tres años, y la última, casi seis años.

—¿Su amor desaparecía justo después de la boda o era una pérdida gradual? —indagué.

—Bueno, la segunda vez fue mal desde el principio. No sé lo que pasó. En realidad, pensaba que nos amábamos, pero la luna de miel fue un desastre y nunca nos recuperamos. Solo fuimos novios seis meses. Fue un idilio vertiginoso. ¡Fue emocionante de verdad! Sin embargo, después del matrimonio, fue una batalla desde el principio.

»En mi primer matrimonio, tuvimos tres o cuatro años buenos antes de que llegara el bebé. Después que nació el bebé, sentí que le daba su atención al bebé y que yo dejaba de importarle. Era como si su única meta en la vida fuera tener un bebé, y después de eso, ya no me necesitaba más.

—¿Le dijo eso? —pregunté.

—Sí, se lo dije. Me dijo que estaba loco. Me dijo que no entendía el estrés de ser enfermera las veinticuatro horas del día. Me dijo que debía ser más comprensivo y ayudarla más. En realidad, procuré hacerlo, pero no parecía que hiciera alguna diferencia. Después de eso, nos apartábamos cada vez más. Al poco tiempo, no quedaba amor, solo falta de vida. Los dos estuvimos de acuerdo en que todo había terminado.

»¿Mi último matrimonio? A decir verdad, pensaba que ese sería diferente. Ya hacía tres años que estaba divorciado. Fuimos novios durante dos años. En realidad, pensaba que sabíamos lo que hacíamos, y que quizá, por primera vez, sabía lo que significaba amar a alguien. Sentía que ella me amaba con sinceridad.

»Después de la boda, no creo que cambié. Continué expresándole amor como lo hacía antes de casarnos. Le decía lo hermosa que era. Le decía lo mucho que la amaba. Le decía lo orgulloso que estaba por ser su esposo. Sin embargo, a los pocos meses de casados empezó a quejarse, de pequeñas cosas al principio, tales como que no sacaba la basura o no colgaba mi ropa. Luego, atacó mi carácter, diciéndome que sentía que no podía confiar en mí, acusándome de no serle fiel. Se convirtió en una persona negativa por completo. Antes de casarnos,

«**Antes** de casarnos, **ella nunca fue** negativa».

ella nunca fue negativa. Era la persona más positiva que conociera jamás, esa fue una de las cosas que más me atrajo de ella. Nunca se quejaba por nada. Todo lo que yo hacía era maravilloso, pero una vez que nos casamos, parecía que no podía hacer algo bien. A decir verdad, no sé lo que pasó. A la larga, la dejé de amar y empecé a molestarme con ella. Era obvio que no me amaba. Reconocimos que no sacábamos nada viviendo juntos, así que nos separamos.

»Eso fue hace un año. De modo que mi pregunta es esta: ¿Qué le pasa al amor después de la boda? ¿Mi experiencia es común? ¿Es por eso que tenemos tantos divorcios en nuestro país? No puedo creer que esto me sucediera tres veces. Y los que no se divorcian, ¿aprenden a vivir con el vacío o en verdad el amor se mantiene vivo en algunos matrimonios? De ser así, ¿cómo lo logran?

Las preguntas de mi amigo sentado en el 5A eran las mismas que miles de personas casadas y divorciadas se hacen hoy. Algunos se las hacen a los amigos, otros se las hacen a los consejeros y los clérigos, y hay quienes se las hacen a sí mismos. A veces las respuestas se expresan en la jerga de la investigación psicológica que es casi incomprensible. Otras veces se exponen en el humor y el folclore. La mayoría de los chistes y los refranes contienen algo de verdad, pero son como ofrecerle una aspirina a una persona con cáncer.

El deseo por el amor romántico en el matrimonio está arraigado en lo más profundo de nuestra constitución psicológica. Los libros abundan sobre el tema. Los programas de entrevistas de la radio y la televisión lidian con esto. La Internet está llena de consejos. Así como lo están nuestros padres y amigos. Mantener vivo el amor en nuestros matrimonios es un asunto muy serio.

Con toda la ayuda disponible de los expertos en los medios de comunicación, ¿por qué es que tan pocas parejas parecen haber encontrado el secreto para mantener vivo el amor después de la boda? ¿Por qué es que una pareja puede asistir a un taller de comunicación, escuchar maravillosas ideas sobre cómo mejorar la comunicación, regresar a casa y descubrir que son incapaces por completo de implementar los patrones de comunicación demostrados? ¿Cómo es que vemos que un experto nos da consejos en una revista sobre «101 Maneras de expresarle amor a tu cónyuge», seleccionamos dos o tres que nos parecen buenas en especial para nosotros, las probamos y nuestros cónyuges ni siquiera reconocen nuestro esfuerzo? Damos por perdidas las otras noventa y ocho maneras y volvemos a la vida de siempre.

La verdad que nos falta

El propósito de este libro es la respuesta a estas preguntas. No se trata de que los libros y los artículos ya publicados no sean útiles. El problema es que hemos pasado por alto una verdad fundamental: Las personas hablan diferentes lenguajes de amor.

Mi preparación académica es en el campo de la antropología. Por lo tanto, he estudiado la ciencia de la lingüística, la cual identifica varios grupos de idiomas principales: japonés, chino, español, inglés, portugués, griego, alemán, francés, etc. La mayoría de nosotros creció aprendiendo la lengua de nuestros padres y hermanos, la cual se convirtió en nuestra lengua materna o *primaria*. Más tarde, quizá aprendamos otras lenguas, pero casi siempre con mucho más esfuerzo. Estas llegan a ser nuestras lenguas *secundarias*. Hablamos y comprendemos mejor nuestra lengua materna. Nos sentimos más cómodos hablando esa lengua. Mientras más usemos una lengua secundaria, más cómodos estaremos en nuestra conversación. Si solo hablamos la lengua primaria y nos encontramos con alguien que solo habla su lengua primaria, la cual es diferente a la nuestra, nuestra comunicación será limitada. Debemos depender de las señales, los gruñidos, los dibujos o la gesticulación de nuestras ideas. Podemos comunicarnos, pero es difícil. Las diferencias de idiomas son parte integral de la cultura

Tu lenguaje emocional del amor **y el de tu cónyuge** tal vez sean diferentes, **como el chino del español.**

humana. Si queremos comunicarnos de manera eficiente a través de líneas culturales, debemos aprender el idioma de esos con los que deseamos comunicarnos.

En el campo del amor, es similar. Tu lenguaje emocional del amor y el de tu cónyuge tal vez sean diferentes, como el chino del español. No importa cuánto te esfuerces por tratar de expresar amor en español, si tu cónyuge solo comprende el chino, nunca entenderán cómo amarse el uno al otro. Mi amigo en el avión le hablaba a su tercera esposa el lenguaje de «palabras de afirmación» cuando dijo: «Le decía lo hermosa que era. Le decía lo mucho que la amaba. Le decía lo orgulloso que estaba por ser su esposo». Expresaba su amor, y era sincero, pero ella no entendía su lenguaje. Quizá buscara amor en su conducta y no lo viera. La sinceridad no es suficiente. Debemos estar dispuestos a aprender el lenguaje primario del amor de nuestro cónyuge si queremos ser eficientes comunicadores del amor.

Mi conclusión después de treinta años de consejería matrimonial es que existen cinco lenguajes emocionales del amor, cinco maneras en que la gente habla y comprende el amor emocional. En el campo de la lingüística, un idioma puede tener numerosos dialectos o variaciones. Asimismo, dentro de los cinco idiomas emocionales básicos del amor hay muchos dialectos. Eso justifica los artículos de revista titulados «10 Maneras para que tu esposa sepa que la amas», «20 Maneras de mantener a tu hombre en el hogar», o «365 Expresiones de amor conyugal». No hay diez, veinte ni trescientos sesenta y cinco lenguajes básicos del amor. En mi opinión, solo hay cinco. Sin embargo, existen numerosos dialectos. El número de formas para expresar el amor dentro de un lenguaje del amor solo lo limita la imaginación de uno. Lo que importa es hablar el lenguaje del amor de tu cónyuge.

Rara vez un esposo y una esposa tienen el mismo lenguaje primario del amor. Tenemos la tendencia a hablar nuestro lenguaje primario del amor, y nos confundimos cuando nuestro cónyuge no entiende lo que le comunicamos. Expresamos nuestro amor, pero el mensaje no llega porque hablamos lo que, para ellos, es un lenguaje «extranjero». Allí radica el problema fundamental, y el propósito de este libro es ofrecer una solución. Por eso me atrevo a escribir otro libro sobre el amor. Una vez que descubramos los cinco lenguajes básicos del amor y entendamos cuál es nuestro lenguaje primario del amor, así como el lenguaje primario del amor de nuestro cónyuge, tendremos la información necesaria a fin de aplicar las ideas que encontramos en los libros y en los artículos.

Una vez que identifiques y aprendas a hablar el lenguaje primario del amor de tu cónyuge, creo que habrás descubierto la clave para un matrimonio amoroso y duradero. El amor no debe desaparecer después de la boda, pero para mantenerlo vivo, la mayoría de nosotros tendrá que esforzarse para aprender un segundo lenguaje del amor. No podemos atenernos a nuestra lengua materna si nuestros cónyuges no la entienden. Si queremos que sientan el amor que tratamos de comunicar, debemos expresarlo en su lenguaje primario del amor.

Completa lo siguiente: «*Habría menos divorcios si solo la gente* _____».

LOS 5 LENGUAJES DEL AMOR

Palabras de afirmación
Tiempo de calidad
Regalos
Actos de servicio
Toque físico

capítulo 2

Mantén lleno *el* tanque *del* amor

Amor es la palabra más importante en el idioma español... y la más confusa. Muchos pensadores, tanto seculares como religiosos, están de acuerdo en que el amor representa un papel central en la vida. Miles de libros, canciones, revistas y películas están sazonadas con la palabra. Numerosos sistemas filosóficos y teológicos le han dado un lugar prominente al amor.

Los psicólogos han llegado a la conclusión de que la necesidad de sentirse amado es una de las principales necesidades emocionales del ser humano. Por amor, escalaremos montañas, cruzaremos mares, viajaremos por las arenas del desierto y soportaremos dificultades inenarrables. Sin amor, las montañas son imposibles de escalar, los mares no se pueden surcar, los desiertos son insoportables y las dificultades son inmensas en la vida.

Si estamos de acuerdo en que la palabra *amor* satura la sociedad humana, tanto a través de la historia como en el presente, también debemos estar de acuerdo en que es la palabra más confusa. La usamos en miles de formas. Decimos: «Amo a los pájaros», y de inmediato: «Amo a mi madre». Amamos los objetos: autos, casas. Amamos los animales: perros, gatos y hasta los caracoles como mascotas. Amamos la naturaleza: los árboles y las flores. Amamos a las personas: madre, hijo, hija, esposas, esposos, amigos. Incluso, nos enamoramos del amor.

Si todo eso no es bastante confuso, también usamos la palabra *amor* para explicar la conducta. «Lo hice porque la amaba». Esa explicación se da para toda clase de acciones. Un político está enredado en una relación adúltera y la llama amor. El predicador, por otro lado, lo llama pecado. La esposa de un alcohólico se recupera después del último episodio de su esposo. Lo llama amor, pero el psicólogo lo llama codependencia. Los padres complacen todos los deseos del niño, llamándolo amor. Sin embargo, el terapeuta de la familia lo llama crianza irresponsable. ¿Qué es el comportamiento amoroso?

El propósito de este libro no es eliminar todas las confusiones en torno a la palabra *amor*, sino enfocarnos en esa clase de amor que es esencial para nuestra salud emocional. Los psicólogos infantiles afirman que cada niño tiene ciertas necesidades emocionales básicas que debemos suplir si queremos que tenga estabilidad emocional. Entre esas necesidades emocionales, ninguna es más básica que la de amor y afecto, la necesidad de sentir que tiene un sitio y que le aman. Con una adecuada provisión de afecto, es probable que el niño se convierta en un adulto responsable. Sin ese amor, tendrá problemas emocionales y sociales.

Me gustó la metáfora la primera vez que la escuché: «Dentro de cada niño hay un "tanque emocional" a la espera de que lo llenen de amor. Cuando un niño se siente amado de verdad, se desarrollará con normalidad, pero cuando el tanque de amor está vacío, el niño se comportará mal. Gran parte del mal comportamiento de los niños se debe a los anhelos de un "tanque de amor vacío"». Le escuché decir al Dr. Ross Campbell, un psiquiatra especializado en el tratamiento de niños y adolescentes.

Mientras escuchaba, pensé en los cientos de padres que desfilaron por mi oficina contándome las fechorías de sus hijos. Nunca había visto un tanque de amor vacío dentro de esos niños, pero de seguro que había visto sus resultados. Su mal comportamiento era una búsqueda equivocada del amor que no sentían. Buscaban amor en todos los lugares equivocados y de todas las maneras equivocadas.

Recuerdo a Asela, quien a los trece años de edad tenía un tratamiento por una enfermedad de transmisión sexual. Sus padres estaban destrozados. Estaban enojados con Asela. Estaban molestos con la escuela, a la que culpaban por enseñarle sobre las relaciones sexuales. «¿Por qué hizo eso?», se preguntaban.

Cuando conversé con Asela, me contó del divorcio de sus padres cuando tenía seis años. «Pensé que mi padre se marchó porque no me amaba», dijo. «Cuando mi madre se volvió a casar a mis diez años de edad, sentí que ahora ella tenía alguien que la amara, pero yo todavía no tenía a nadie que me amara. Deseaba muchísimo que me amaran. Conocí a este muchacho en la escuela. Era mayor que yo, pero me gustaba. No podía creerlo. Era amable conmigo y pronto sentí que me amaba de verdad. No quería tener relaciones sexuales, pero deseaba que me amaran».

El «tanque del amor» de Asela había estado vacío por muchos años. Su madre y su padrastro proveían para sus necesidades físicas, pero no se daban cuenta de la profunda lucha emocional que se libraba en su interior. Sin duda, amaban a Asela y pensaban que sentía su amor. No fue sino hasta cuando ya era casi demasiado tarde, que descubrieron que no habían estado hablando el lenguaje de amor primario de Asela.

La necesidad de amor, sin embargo, no es solo un fenómeno de la niñez. Esa necesidad continúa en la adultez y en el matrimonio. La experiencia de estar «enamorado» llena por un tiempo esa necesidad, pero es inevitable que sea una solución momentánea, y tal como aprenderemos más adelante, tiene una

> **Necesitamos amor** antes de **«enamorarnos»** y lo necesitaremos **mientras vivamos.**

duración limitada y previsible. Después que descendemos de la cima de la obsesión del «enamoramiento», la necesidad emocional por amor sale a flote porque es fundamental para nuestra naturaleza. Está en el centro de nuestros deseos emocionales. Necesitamos amor antes de «enamorarnos» y lo necesitaremos mientras vivamos.

La necesidad de sentirse amado por el cónyuge está en el centro de los deseos matrimoniales. Hace poco, un hombre me dijo: «¿De qué sirven la casa, los automóviles, la playa y todo lo demás si tu esposa no te ama?». ¿Entiendes lo que decía en realidad? «Más que cualquier cosa, quiero que mi esposa me ame». Las cosas materiales no sustituyen el amor humano. Una esposa dice: «No me tiene en cuenta todo el día y, luego, quiere meterse en la cama conmigo. Detesto eso». Ella no es una esposa que odia la relación sexual; es una esposa que suplica con desesperación el amor emocional.

Nuestro clamor por amor

Algo en nuestra naturaleza clama por el amor de otro. La soledad es devastadora para la psique humana. Es por eso que el confinamiento solitario se considera uno de los castigos más crueles. En el corazón de la existencia del género humano está el deseo de tener intimidad con otro y de que nos ame. El matrimonio está diseñado para suplir esa necesidad de intimidad y amor. Por eso las antiguas escrituras bíblicas dicen que el esposo y la esposa se convierten en «una sola carne». Eso no significaba que los individuos perderían su identidad; quería decir que entrarían en la vida del otro de una manera profunda e íntima.

No obstante, si el amor es importante, es también esquivo. He escuchado a muchas parejas casadas contar su secreto dolor. Algunas vinieron a verme debido a que su dolor interno se había vuelto insoportable. Otras vinieron porque habían comprendido que sus patrones de conducta o el mal comportamiento de su cónyuge estaban destruyendo el matrimonio. Algunas solo vinieron para decirme que ya no querían seguir casados. Sus sueños de «vivir felices para siempre» se habían estrellado contra los duros muros de la realidad. Una y otra vez he oído las palabras: «Nuestro amor terminó, nuestra relación está muerta. Antes nos sentíamos cerca, pero ahora no. Ya no disfrutamos de estar el uno con el otro. No satisfacemos nuestras necesidades mutuas». Sus historias dan testimonio de que los adultos, al igual que los niños, tienen también «tanques del amor».

¿Podría ser que en lo más profundo de estas parejas heridas exista un invisible «tanque del amor» con su medidor en vacío? ¿Podría ser que el mal comportamiento, el alejamiento, las palabras groseras y la crítica fueran el resultado de un tanque vacío? Si pudiéramos encontrar una manera de llenarlo, ¿renacería el matrimonio? Con un tanque lleno, ¿las parejas serían capaces de crear un clima emocional donde fuera posible analizar las diferencias y resolver los conflictos? ¿Podría ese tanque ser la clave que hiciera funcionar el matrimonio?

Esas preguntas me llevaron a hacer un largo viaje. En el camino, descubrí las sencillas, pero poderosas ideas contenidas en este libro. El viaje no solo me ha llevado a través de treinta años de consejería matrimonial, sino a los corazones y las mentes de cientos de parejas por todo Estados Unidos. Desde Seattle hasta Miami, las parejas me han invitado al interior de sus matrimonios y hemos conversado con toda franqueza. Las ilustraciones incluidas en este libro son de la vida real. Solo se cambiaron los nombres y los lugares a fin de proteger la privacidad de los individuos que hablaron con tanta libertad.

Estoy convencido de que mantener lleno el tanque del amor es tan importante para el matrimonio como lo es mantener el nivel adecuado del aceite para el automóvil. Manejar tu matrimonio con un «tanque del amor» vacío puede ser mucho más grave que tratar de manejar tu auto sin aceite. Lo que estás a punto de leer tiene el potencial para salvar miles de matrimonios y hasta puede mejorar el clima emocional de un buen matrimonio. Cualquiera que sea la calidad de tu matrimonio ahora, siempre puede ser mejor.

ADVERTENCIA: Entender los cinco lenguajes del amor y aprender a hablar el lenguaje primario de amor de tu cónyuge puede influir de manera radical en su conducta. Las personas se comportan en forma diferente cuando tienen llenos sus tanques de amor.

Antes de que examinemos los cinco lenguajes del amor, sin embargo, debemos abordar otro importante pero confuso fenómeno: la eufórica experiencia de «enamorarse».

¿Alguna vez hiciste algo porque «tenías buenas intenciones», es decir, debido a motivos amorosos? ¿Cuál fue el resultado?

LOS 5 LENGUAJES
DEL AMOR

Palabras de afirmación
Tiempo de calidad
Regalos
Actos de servicio
Toque físico

capítulo 3

El enamoramiento

Se presentó en mi oficina sin una cita y le preguntó a mi
secretaria si podía verme por cinco minutos. Hacía dieciocho
años que conocía a Juanita. Tenía treinta y seis años y nunca se
había casado. De vez en cuando, pedía una cita conmigo a fin
de discutir alguna dificultad en particular de sus relaciones de
noviazgo. Por naturaleza, era una persona seria y cuidadosa,
así que era fuera de lugar por completo que se apareciera en mi
oficina sin avisar con antelación. Pensé: *Debe tener una crisis*
terrible para venir sin una cita previa. Le dije a mi secretaria
que la dejara pasar, y estaba seguro que la vería romper en
llanto y contarme alguna historia trágica en cuanto cerrara la
puerta. En cambio, casi de un salto entró a mi oficina radiante
de emoción.

—¿Cómo estás hoy, Juanita? —le pregunté.

—¡Genial! —dijo—. Nunca he estado mejor en mi vida.
¡Me voy a casar!

—¿Verdad? —dije—. ¿Con quién y cuándo?

—Con David Gómez —exclamó—, en septiembre.

—Eso es emocionante. ¿Qué tiempo hace que son novios?

—Tres semanas. Después de todas las personas con las que he salido y de todas las veces que he estado a punto de casarme, sé que es una locura, doctor Chapman. Ni yo misma puedo creerlo, pero sé que David es el hombre para mí. Desde la primera cita, lo supimos los dos. Por supuesto, no hablamos de esto la primera noche, pero una semana después me propuso matrimonio. Sabía que me lo iba a proponer y sabía que le iba a decir que sí. Nunca antes me he sentido de esta manera, doctor Chapman. Usted conoce las relaciones que he tenido durante estos años y los conflictos que he sufrido. En cada relación fallaba algo. Jamás me sentía en paz pensando en casarme con alguno de ellos, pero sé que David es el hombre.

En ese momento, Juanita se mecía en su silla riendo con nerviosismo y diciendo:

—Sé que es una locura, pero estoy muy feliz... Nunca en mi vida he sentido esta felicidad.

¿Qué le pasó a Juanita? Se enamoró. En su mente, David es el hombre más maravilloso que conociera jamás. Es perfecto en todo. Será el marido ideal. Piensa en él de día y de noche. El hecho de que David estuviera casado dos veces antes, tenga tres hijos y tuviera tres empleos el año pasado es algo trivial para Juanita. Es feliz y está convencida de que va a ser feliz para siempre con David. Está enamorada.

La mayoría de nosotros entramos al matrimonio por el camino de la experiencia del enamoramiento. Conocemos a alguien cuyas características físicas y rasgos de la personalidad producen suficiente choque eléctrico para activar nuestro «sistema amoroso de alarma». Suena la alarma y ponemos en acción el proceso de llegar a conocer a la persona. El primer paso quizá sea disfrutar de una hamburguesa o un bistec, dependiendo de nuestro presupuesto, pero nuestro verdadero interés no está en la comida. Estamos en una búsqueda para descubrir el amor.

«¿Podría este sentimiento cálido y estremecedor que tengo dentro ser algo "real"?»

A veces perdemos ese estremecimiento en la primera cita. Nos enteramos que él pasa tiempo en páginas de Internet raras o que ella asistió a seis universidades, y el estremecimiento desaparece al instante; no queremos más hamburguesas con ellos. Otras veces, sin embargo, los estremecimientos son más fuertes después de la hamburguesa que antes. Hacemos arreglos para unos cuantos momentos más «juntos», y pronto el nivel de intensidad aumenta hasta el punto en que nos encontramos diciendo: «Creo que me estoy enamorando». Con el tiempo, estamos convencidos de que eso es «lo verdadero», y se lo decimos a la otra persona, a la espera de que el sentimiento sea recíproco. Si no lo es, las cosas se enfrían un poco o redoblamos nuestros esfuerzos para impresionar, y con el tiempo, ganamos el amor de nuestro ser amado. Cuando es recíproco, hablamos enseguida de matrimonio, porque todo el mundo está de acuerdo en que estar «enamorado» es la base necesaria para un buen matrimonio.

La antesala del cielo

En su apogeo, la experiencia del «enamoramiento» es eufórica. Estamos obsesionados de manera emocional el uno con el otro. Nos acostamos pensando en el otro. Cuando nos levantamos, esa persona es el primer pensamiento en nuestras mentes. Anhelamos estar juntos. Pasar el tiempo juntos es como estar en la antesala del cielo. Cuando nos tomamos de las manos, parece que nuestra sangre fluye unida. Podríamos besarnos por la eternidad si no tuviéramos que ir a la escuela o al trabajo. El abrazo nos hace soñar en el matrimonio y en el éxtasis.

La persona enamorada, a la que llamaremos Jennifer, tiene la ilusión de que su amado es perfecto. Su mejor amiga puede ver los defectos, le molesta cómo él le habla a veces, pero

Jennifer no escuchará. Su madre, advirtiendo que el joven parece incapaz de mantener un trabajo estable, guarda para sí sus preocupaciones, pero hace preguntas corteses sobre «los planes de Raúl».

Nuestros sueños antes del matrimonio son de dicha conyugal: «Vamos a ser muy felices. Otras parejas quizá discutan y riñan, pero nosotros no. Nos amamos». Por supuesto, no somos tan ingenuos. Sabemos de un modo intelectual que con el tiempo habrá diferencias. Sin embargo, estamos seguros de que las vamos a discutir con franqueza; uno de nosotros siempre estará dispuesto a hacer concesiones y llegaremos a un acuerdo. Es difícil creer en otra cosa cuando estás enamorado.

Hemos llegado a creer que si en verdad estamos enamorados, no tendrá fin. Siempre tendremos los maravillosos sentimientos que tenemos en este momento. Nunca nada se podrá interponer entre nosotros. Nada en la vida destruirá nuestro mutuo amor. Estamos atrapados en la belleza y el encanto de la personalidad del otro. Nuestro amor es lo más maravilloso que hayamos experimentado jamás. Observamos que algunas parejas casadas parecen que han perdido ese sentimiento, pero eso nunca nos sucederá a nosotros. «Tal vez no tengan lo verdadero», razonamos.

Es lamentable, pero el enamoramiento eterno es ficción, no es la realidad. La finada psicóloga Dorothy Tennov realizó estudios de largo alcance sobre el fenómeno del enamoramiento. Después de estudiar a muchas parejas, concluyó que el promedio de duración de la obsesión romántica es de dos años. Si es una aventura amorosa secreta, quizá dure un poco más. A la larga, sin embargo, todos bajaremos de las nubes y plantaremos nuestros pies en la tierra de nuevo. Nuestros ojos están abiertos y vemos los defectos de la otra persona. Ahora sus «rarezas» son solo insoportables. Muestra una capacidad para herir y enojar, tal vez hasta con palabras hirientes y juicios críticos. Esos pequeños rasgos que pasamos por alto cuando nos enamoramos, se convierten ahora en montañas gigantescas.

La realidad se entremete

Bienvenidos al mundo real del matrimonio, donde siempre hay cabellos en el lavabo y pequeñas manchas blancas cubren el espejo, donde las discusiones se centran en cómo se desprende el papel higiénico y si la tapa del inodoro debe estar arriba o abajo. Es un mundo en donde los zapatos no caminan hasta el armario ni los cajones se cierran solos, donde a las chaquetas no les gusta colgarse ni las medias se meten en la lavadora. En este mundo, una mirada puede herir y una palabra puede destrozar. Los amantes íntimos pueden convertirse en enemigos, y el matrimonio en campo de batalla.

¿Qué le pasó a la experiencia del enamoramiento? Ay, no era más que una ilusión mediante la cual nos engañaron para poner nuestros nombres sobre el espacio de la firma para bien o para mal. No sorprende que tantas personas maldigan el matrimonio y a la pareja que una vez amaran. Después de todo, si nos engañaron, tenemos el derecho de enojarnos. ¿Tuvimos en realidad «lo verdadero»? Pienso que sí. El problema fue la información errónea.

La mala información fue la idea de que la obsesión del enamoramiento duraría para siempre. Debíamos haberlo sabido mejor. Una observación fortuita nos hubiera enseñado que si las personas permanecieran obsesionadas, todos estaríamos en serias dificultades. Las ondas del impacto harían tambalear los negocios, la industria, la iglesia, la educación y el resto de la sociedad. ¿Por qué? Porque las personas enamoradas pierden interés en otros asuntos. Por eso lo llamamos «obsesión». El estudiante universitario que se enamora perdidamente ve bajar sus calificaciones. Es difícil estudiar cuando estás enamorado. Mañana tienes un examen sobre la guerra de 1812, ¿pero a quién le importa la guerra de 1812? Cuando estás enamorado, todo lo demás parece irrelevante. Un hombre me dijo:

—Doctor Chapman, mi trabajo se está desintegrando.

—¿Qué quiere decir? —le pregunté.

—Conocí a esta muchacha, me enamoré, y no puedo hacer nada. No puedo concentrarme en mi trabajo. Me paso todo el día pensando en ella.

La euforia del enamoramiento nos da la ilusión de que tenemos una íntima relación. Sentimos que nos pertenecemos el uno al otro. Pensamos que podemos vencer todos los problemas. Nos sentimos altruistas hacia el otro. Como dijera un joven con relación a su novia: «No puedo concebir que haga algo que la pueda herir. Mi único deseo es hacerla feliz. Haría cualquier cosa para hacerla feliz». Tal obsesión nos da la falsa sensación de que han desaparecido nuestras actitudes egocéntricas y que hemos llegado a ser una especie de madre Teresa, dispuestos a darlo todo por el bien de la persona amada. Hacemos eso con mucha libertad debido a que estamos convencidos en verdad de que la persona amada siente lo mismo por nosotros. Creemos que ella está comprometida a suplir nuestras necesidades, que él nos ama como lo amamos y que nunca haría algo que nos lastime.

Esa manera de pensar siempre es fantasiosa. No es que seamos insinceros en lo que pensamos y sentimos, sino es que somos poco realistas. Fallamos al no tener en cuenta la realidad de la naturaleza humana. Somos egocéntricos por naturaleza. Nuestro mundo gira a nuestro alrededor. Ninguno de nosotros es altruista por completo. La euforia de la experiencia del enamoramiento solo nos da esa ilusión.

Una vez que la experiencia de enamorarse sigue su curso natural (recuerda que el promedio de duración del enamoramiento es de dos años), regresaremos al mundo de la realidad y volveremos a ser nosotros mismos. Él expresará sus deseos, pero sus deseos serán diferentes de los de ella. Él desea relación sexual, pero ella está demasiado cansada. Él quiere comprar un auto nuevo, pero ella dice: «¡No nos podemos dar ese lujo!». A ella le gustaría visitar a sus padres, pero él dice: «No me gusta pasar mucho tiempo con tu familia». Poco a poco, se esfuma la ilusión de la intimidad y se hacen valer los deseos individuales, las emociones, los pensamientos y los patrones de conducta. Ya son dos individuos. Sus mentes no se han fundido en una y sus emociones se han mezclado solo por poco tiempo en el océano del amor. Ahora las olas de la realidad comienzan a separarlos. Se dejan de amar, y en este punto o bien se distancian, se separan, se divorcian, se van por su propio camino en busca de una nueva experiencia de amor o comienzan la ardua tarea de aprender a amarse el uno al otro sin la euforia de la obsesión del enamoramiento.

Algunas parejas creen que el final de la experiencia del enamoramiento significa que solo tienen dos opciones: resignarse a vivir desdichados con su cónyuge o abandonar el barco y probar de nuevo. Nuestra generación ha optado por la última, mientras que en generaciones anteriores se escogía a menudo la primera. Antes que concluyamos de manera automática que hemos hecho la mejor elección, tal vez deberíamos examinar los datos. De acuerdo con una importante entidad de investigación, la tasa de divorcio por segundas nupcias es al menos de sesenta por ciento y se eleva cuando están involucrados los hijos[1].

Las investigaciones parecen indicar que hay una tercera y mejor alternativa: Podemos reconocer la experiencia del enamoramiento por lo que fue, un alza emocional temporal, y ahora luchar por el «amor verdadero» con nuestro cónyuge. Esta clase de amor es emocional por naturaleza, pero no obsesiva. Es un amor que une la razón y la emoción. Involucra un acto de la voluntad, requiere disciplina y reconoce la necesidad del crecimiento personal. Nuestra necesidad emocional más básica no es enamorarnos, sino ser amado de verdad por el otro, conocer un amor que brota de la razón y de la decisión, no del instinto. Necesito que me ame alguien que decida amarme, que vea en mí algo digno de amar.

Esa clase de amor requiere esfuerzo y disciplina. Es la decisión de emplear la energía en un esfuerzo para beneficiar a la otra persona, sabiendo que si su vida se enriquece por tu esfuerzo, tú también encontrarás un sentido de satisfacción: la satisfacción de haber amado con sinceridad a otro. Esto no requiere la euforia de la experiencia del enamoramiento. En realidad, la experiencia del verdadero amor no puede comenzar hasta que la experiencia del enamoramiento no siga su curso.

No podemos atribuirnos el crédito por las cosas buenas y generosas que hacemos mientras estamos bajo la influencia de «la obsesión». Nos empuja y nos lleva una fuerza instintiva que va más allá de nuestros patrones de comportamiento normal. No obstante, si una vez que volvemos al mundo real decidimos ser bondadosos y generosos, eso es amor verdadero.

Si queremos tener salud emocional, debe suplirse la necesidad emocional por amor. Los adultos casados ansían sentir el afecto y el amor de sus cónyuges. Nos sentimos seguros cuando estamos confiados de que nuestra pareja nos acepta, nos desea y está comprometida con nuestro bienestar. Durante la etapa del enamoramiento, sentimos todas esas emociones. Era celestial mientras duró. Nuestro error fue pensar que duraría para siempre.

Sin embargo, esa obsesión no estaba destinada a durar para siempre. En el libro de texto del matrimonio, no es más que la introducción. El punto principal del libro es el amor racional y volitivo. Esa es la clase de amor a la que nos han llamado siempre. Es intencional.

Esas son buenas noticias para las parejas casadas que han perdido todos sus sentimientos de enamoramiento. Si el amor es una decisión, tienen la capacidad de amar después que muere la obsesión del enamoramiento y regresan al mundo real. Esa clase de amor comienza con una actitud, una manera de pensar. El amor es la actitud que dice: «Estoy casado contigo y decido velar por tus intereses». Luego, el que decide amar encontrará maneras adecuadas para expresar esa decisión.

«Aun así, parece muy estéril», quizá afirmen algunos. «¿El amor es una actitud con una conducta apropiada? ¿Dónde están las estrellas fugaces, los globos, las emociones profundas? ¿Qué pasa con el espíritu de expectación, el brillo de los ojos, la electricidad de un beso, la excitación de la relación sexual? ¿Qué pasa con la seguridad emocional de saber que soy el número uno en su mente?» Sobre eso trata este libro. ¿Cómo nos suplimos el uno al otro la profunda necesidad emocional de sentirnos amados? Si podemos aprender eso y decidimos hacerlo, el amor será mucho más emocionante que todo el enamoramiento que sintiéramos alguna vez.

Desde hace muchos años, he hablado de los cinco lenguajes del amor en mis seminarios para matrimonios y en sesiones privadas de consejería. Miles de parejas testificarían de la validez de lo que estás a punto de leer. Mis archivos están llenos de cartas de personas que nunca he visto, diciendo: «Un amigo me prestó uno de sus casetes sobre los lenguajes del amor y esto ha revolucionado nuestro matrimonio. Nos hemos esforzado por años para amarnos, pero nuestros esfuerzos nos han fallado en lo emocional a cada uno. Ahora que estamos hablando los lenguajes apropiados del amor, el clima emocional de nuestro matrimonio ha mejorado de manera radical».

Cuando el «tanque emocional del amor» de tu cónyuge está lleno y se siente seguro de tu amor, el mundo entero parece brillante y tu cónyuge avanzará a fin de alcanzar su más alto potencial en la vida. Sin embargo, cuando el tanque del amor está vacío y se siente utilizado pero no amado, el mundo entero parece oscuro y es probable que nunca llegue a su potencial para bien en el mundo. En los cinco capítulos siguientes, explicaré los cinco lenguajes emocionales del amor y, luego, en el capítulo 9, enseñaré cómo el descubrimiento del lenguaje del amor primario de tu cónyuge puede hacer que tus esfuerzos por el amor sean más productivos.

Recuerda ese momento en tu matrimonio cuando surgió la «realidad» y desaparecieron los sentimientos románticos. ¿Cómo esto afectó tu relación, para bien o para mal?

LOS 5 LENGUAJES DEL AMOR

Palabras de afirmación
Tiempo de calidad
Regalos
Actos de servicio
Toque físico

capítulo 4

Primer lenguaje del amor:
Palabras *de* afirmación

M ark Twain dijo una vez: «Puedo vivir por dos meses con un buen cumplido». Si tomamos a Twain literalmente, seis cumplidos al año mantendrían el tanque emocional del amor en el nivel operativo. Es probable que tu cónyuge necesite más que eso.

Una manera de expresar amor es utilizar palabras que edifiquen. Salomón, autor de la antigua literatura hebrea de sabiduría, escribió: «En la lengua hay poder de vida y muerte»[2]. Muchas parejas nunca han conocido el tremendo poder de las palabras para afirmarse el uno al otro. Salomón dijo algo más: «La angustia abate el corazón del hombre, pero una palabra amable lo alegra»[3].

Los cumplidos verbales, o las palabras de aprecio, son poderosos comunicadores de amor. Se expresan mejor en afirmaciones directas y sencillas tales como:

«Te ves muy bien con ese traje».

«¡Siempre te ves sensacional con ese vestido!»

«¡Me gusta mucho que siempre estés a tiempo para recogerme en el trabajo!»

«Gracias por conseguir la niñera para esta noche. Quiero que sepas que no lo doy por sentado».

«Me encanta que seas tan responsable. Siento que puedo contar contigo».

¿Qué pasaría con el ambiente emocional de un matrimonio si el esposo y la esposa escucharan tales palabras de afirmación con regularidad?

Hace varios años estaba sentado en mi oficina con la puerta abierta. Una dama que venía por el pasillo me dijo:

—¿Tiene un minuto?

—Claro que sí, entre.

—Doctor Chapman, tengo un problema —me dijo al sentarse—. No consigo que mi esposo pinte nuestro dormitorio. He estado detrás de él por nueve meses. He intentado todo lo que sé, pero no logro que lo pinte.

Mi primer pensamiento fue: *Señora, se equivocó de lugar. No soy un contratista de pintura.* Sin embargo, le dije:

—Hábleme de eso.

—Bien, el sábado pasado es un buen ejemplo —me dijo—. ¿Recuerda lo bonito que estaba? ¿Sabe lo que mi esposo hizo todo el día? Trabajó en la actualización de su computadora.

—Entonces, ¿qué hizo usted? —le pregunté.

—Fui allí y le dije: "Daniel, no te comprendo. Hoy hubiera sido un día perfecto para pintar el cuarto y aquí estás tú trabajando en tu computadora".

—Así qué, ¿pintó el cuarto? —indagué.

—No. Todavía no lo ha pintado. No sé qué hacer.

—Permítame hacerle una pregunta —le dije—. ¿Se opone usted a las computadoras?

—No, pero quiero que se pinte el cuarto.

—¿Está segura de que su esposo sabe que usted quiere que se pinte el cuarto?

—Sé que lo sabe —dijo—. Se lo he estado pidiendo durante nueve meses.

—Quiero hacerle una pregunta más. ¿Alguna vez su esposo hace algo bueno?

—¿Cómo qué?

—Ah, como sacar la basura, limpiar el parabrisas del auto que usted maneja, poner gasolina en el auto, pagar la cuenta de la electricidad o colgar su chaqueta.

—Sí —dijo—, hace algunas de esas cosas.

—Entonces, tengo dos sugerencias. Una, no mencione nunca más que pinte el dormitorio —y repetí—: No lo mencione de nuevo.

—No veo cómo eso va a ayudar —me respondió.

—Mire, acaba de decirme que él sabe que usted quiere que pinte el cuarto. No tiene que decírselo más. Ya lo sabe. La segunda sugerencia es que la próxima vez que su esposo haga algo bueno, elógielo. Si saca la basura, dígale: "Daniel, te agradezco mucho que saques la basura". No le diga: "¡Ya era hora de que sacaras la basura! Las moscas la iban a sacar por ti". Si ve que paga la cuenta de la electricidad, póngale la mano sobre el hombro y dígale: "Daniel, te agradezco de verdad que pagues la cuenta de la electricidad. Sé que hay esposos que no lo hacen y quiero que sepas cuánto lo aprecio". Cada vez que haga algo bueno, elógielo.

—No veo cómo vaya a lograr que se pinte el dormitorio.

—Usted pidió mi consejo —le dije—. Ya lo tiene. Es gratuito.

No estaba muy feliz conmigo cuando se marchó. Tres semanas más tarde, sin embargo, regresó a mi oficina y me dijo: «¡Dio resultado!». Aprendió que los cumplidos verbales son motivadores más estupendos que los regaños constantes.

No estoy recomendando la adulación a fin de conseguir que tu cónyuge haga algo que quieres. El propósito del amor no es lograr algo que quieres, sino hacer algo por el bienestar de la persona que amas. No obstante, es un hecho que cuando recibimos palabras de afirmación, es más probable que nos sintamos motivados a corresponder y a hacer algo que desea nuestro cónyuge.

Palabras alentadoras

Los cumplidos verbales son solo una manera de expresar palabras de afirmación a tu cónyuge. Otro dialecto es el de las palabras alentadoras. La palabra *alentar* significa «animar, infundir aliento o esfuerzo, dar vigor». Todos tenemos esferas en las que nos sentimos inseguros. Nos falta vigor, y esa falta de vigor a menudo nos impide hacer las cosas positivas que nos gustaría hacer. El potencial latente dentro de tu cónyuge en sus aspectos de inseguridad quizá esté a la espera de tus palabras alentadoras.

> **El potencial latente** dentro de tu cónyuge **en sus** esferas de inseguridad **quizá esté a la espera de tus** palabras alentadoras.

A Grisel siempre le había gustado escribir. A finales de su carrera universitaria, tomó algunos cursos de periodismo. Pronto se dio cuenta de que su emoción por escribir excedía a su interés en historia, que fue su especialización académica. Era demasiado tarde para cambiar de especialidad, pero después de la universidad y sobre todo antes del nacimiento del primer bebé, escribió varios artículos. Envió un artículo a una revista, pero cuando recibió una nota de rechazo, nunca tuvo el valor de enviar otro. Ahora que sus hijos eran mayores y tenía más tiempo para considerar la posibilidad, Grisel escribía de nuevo.

Kevin, el esposo de Grisel, les había prestado muy poca atención a los escritos de Grisel al principio de su matrimonio. Estaba ocupado con su vocación y atrapado por la presión de su ascenso personal dentro de la corporación. Con el tiempo, sin embargo, Kevin se daría cuenta que el significado más profundo de la vida no se encuentra en los logros, sino en las relaciones. Había aprendido a darle más atención a Grisel y sus intereses. Así que fue bastante natural que una noche tomara uno de los artículos de Grisel y lo leyera. Cuando terminó, fue al cuarto donde Grisel leía un libro. Con gran entusiasmo, le dijo:

—Detesto interrumpir tu lectura, pero tengo que decirte esto. Acabo de leer tu artículo sobre «Cómo sacar el máximo provecho de los días feriados». ¡Grisel, eres una excelente escritora! ¡Este material se debe publicar! Escribes con claridad. Tus palabras pintan cuadros que puedo visualizar. Tienes un estilo fascinante. Debes enviar este artículo a alguna revista.

—¿En verdad lo crees? —preguntó indecisa Grisel.

—¡Claro que lo creo! —dijo Kevin—. ¡Te digo que es bueno!

Cuando Kevin salió de la habitación, Grisel no terminó su lectura. Con el libro cerrado sobre su falda soñó por treinta minutos en lo que le dijo Kevin. Se preguntaba si otros opinarían sobre su artículo de la misma manera. Recordaba la nota de rechazo que recibió años antes, pero pensaba que era una persona diferente ahora. Sus escritos eran mejores. Antes de levantarse de la silla a fin de beber un vaso de agua, Grisel tomó una decisión. Enviaría sus artículos a diferentes revistas. Vería si podían publicarse.

Esas alentadoras palabras de Kevin se dijeron hace catorce años. Desde entonces, Grisel ha tenido numerosos artículos publicados y ahora tiene un contrato para escribir un libro. Es una excelente escritora, pero le hizo falta las palabras alentadoras de su esposo que la inspiraran para dar el primer paso en el difícil proceso de ver la publicación de un artículo.

Quizá tu cónyuge tenga cierto potencial sin explotar en uno o más campos de su vida. Ese potencial tal vez esté a la espera de tus palabras alentadoras. A lo mejor necesite matricularse en un curso para desarrollar ese potencial, o es posible que le haga falta conocer a algunas personas que hayan triunfado en ese campo y que puedan darle una perspectiva sobre el próximo paso que debe dar. Tus palabras pueden darle a tu cónyuge el valor necesario para dar ese primer paso.

Por favor, ten en cuenta que no hablo de presionar a tu cónyuge para que haga lo que *tú* quieres. Hablo de animarlo a desarrollar un interés que ya tiene. Por ejemplo, una esposa quizá presione a su esposo para que busque un empleo más remunerado. La esposa piensa que está animando a su esposo, pero a él más bien le parece una condenación. No obstante, si tiene el deseo y la motivación para buscar un mejor puesto de trabajo, esas palabras fortalecerán su decisión. Hasta que no tenga ese deseo, sus palabras darán una imagen de crítica y causarán culpa. No expresan amor, sino rechazo.

En cambio, si él dice: «Oye, estoy pensando en iniciar un negocio personal de mantenimiento», ella tiene la oportunidad de darle palabras de aliento. Las palabras alentadoras serían más o menos como estas: «Si decides hacer eso, puedo decirte algo. Tendrás éxito. Esa es una de las cosas que me gustan de ti. Cuando te decides a hacer algo, lo logras. Si eso es lo que quieres hacer, de seguro que haré todo lo posible por ayudarte». Tales palabras quizá le den el aliento para comenzar a elaborar una lista de posibles clientes.

Las palabras alentadoras requieren empatía y ver el mundo desde la perspectiva de tu cónyuge. Primero, debemos saber lo que es importante para nuestro cónyuge. Solo entonces podemos alentarle. Con el aliento verbal, tratamos de decir:

«Lo sé. Me preocupo. Estoy contigo. ¿Cómo puedo ayudarte?». Tratamos de demostrarle que creemos en él y en sus capacidades. Le damos crédito y elogio.

Casi todos nosotros tenemos más potencial del que desarrolláramos jamás. Muchas veces lo que nos detiene es la falta de valor. Un cónyuge amoroso puede suministrar todos esos catalizadores importantes. Por supuesto, las palabras alentadoras quizá sean difíciles de expresar. Es posible que no sean tu lenguaje primario del amor. A lo mejor te cuesta un gran esfuerzo aprender este segundo lenguaje. Eso será cierto en especial si tienes un patrón de palabras críticas y condenatorias, pero te aseguro que valdrá la pena el esfuerzo.

Palabras bondadosas

El amor es bondad. Por lo tanto, si vamos a comunicar amor de forma verbal, debemos usar palabras bondadosas. Eso tiene que ver con la manera en que hablamos. La misma frase puede tener dos significados diferentes, dependiendo de cómo la digas. La declaración: «Te amo», dicha con bondad y ternura puede ser una genuina expresión de amor. Sin embargo, cuando se dice «¿Te amo?», los signos de interrogación cambian todo el sentido de estas dos palabras. A veces nuestras palabras dicen una cosa, pero el tono de voz dice otra. Enviamos mensajes dobles. Por lo general, nuestro cónyuge interpretará nuestro mensaje por nuestro tono de voz, no por las palabras que usamos.

La frase «Me encantaría lavar los platos esta noche» dicha en un tono gruñón, no se recibirá como una expresión de amor. Por otro lado, podemos expresar sufrimiento, dolor y hasta enojo de una manera bondadosa, y será una expresión de amor. Si dices de una manera franca y bondadosa «Me siento desilusionado y dolido porque no me ofreciste tu ayuda esta noche», es una expresión de amor. La persona que habla quiere que su cónyuge la conozca. Está dando los pasos para forjar intimidad mediante la manifestación de sus sentimientos. Está buscando una oportunidad para hablar de una herida, a fin de hallar sanidad. Las mismas palabras expresadas en voz alta y severa no serán una expresión de amor, sino de condenación y juicio.

La manera en que hablamos es de suma importancia. Un antiguo sabio dijo una vez: «La blanda respuesta quita la ira». Cuando tu cónyuge está enojado, alterado y arremete con palabras descomedidas, si decides ser amorosa no debes responderle de la misma manera, sino con una voz suave. Recibirá lo que dices como una información sobre su estado emocional. Lo dejarás hablar de su dolor, de su ira y de su percepción de los acontecimientos. Procurarás ponerte en su lugar y ver el asunto con sus ojos y, a continuación, expresar con suavidad y bondad tu comprensión del porqué se siente de esa manera. Si actuaste mal con él, desearás reconocer tu error y pedirle perdón. Si tu motivación es diferente a la suya, le explicarás tu motivación con amabilidad. Procurarás la comprensión y la reconciliación, y no tratarás de demostrar que tu propia percepción es la única manera lógica de interpretar lo sucedido. Ese es amor maduro, amor al que aspiramos si buscamos un matrimonio creciente.

El amor no guarda una puntuación de errores. El amor no revive los fracasos pasados. Ninguno de nosotros es perfecto. En el matrimonio no siempre hacemos lo mejor ni lo que es justo. A veces le hacemos o decimos cosas hirientes a nuestro cónyuge. No podemos borrar el pasado. Solo podemos confesarlo y aceptar que estuvo mal. Podemos pedir perdón y tratar de actuar de manera diferente en el futuro. Una vez que confieso mi fracaso y pido perdón, no puedo hacer nada más para mitigar el dolor que quizá le causara a mi esposa. Cuando mi esposa me ofende y ella con dolor me confiesa la falta y me pide perdón, tengo la opción de la justicia o el perdón. Si escojo la justicia y procuro pagarle de la misma manera o hacer que pague por su error, me convierto en el juez y hago de ella el reo. La intimidad se vuelve imposible. No obstante, si decido perdonar, puede restaurarse la intimidad. El perdón es el camino hacia el amor.

Estoy sorprendido de cómo muchos individuos mezclan cada nuevo día con el ayer. Insisten en traer al presente los fracasos del ayer y, al hacerlo, arruinan un día maravilloso en potencia. «No puedo creer lo que hiciste. Me parece que nunca lo olvidaré. No puedes saber cuánto me heriste. No sé cómo puedes sentarte allí con aire de tanta suficiencia después que me trataste de esa manera. Deberías estar arrastrándote de rodillas suplicándome perdón. No sé si pueda perdonarte alguna vez». Esas no son palabras de amor, sino de amargura, de resentimiento y de venganza.

Lo mejor que podemos hacer con los fracasos del pasado es dejar que sean historia. Sí, sucedió. De seguro que dolió. Además, quizá duela todavía, pero él reconoció su error y pidió tu perdón. No podemos borrar el pasado, pero podemos aceptarlo como historia. Podemos decidir vivir hoy libres de los errores del ayer. El perdón no es un sentimiento; es un compromiso. Es una decisión de mostrar misericordia, no de utilizar la ofensa contra el ofensor. El perdón es una expresión de amor. «Te amo. Me importas y decido perdonarte. Aun cuando mis sentimientos o heridas sigan presentes, no permitiré que lo sucedido se interponga entre nosotros. Espero que podamos aprender de esta experiencia. No eres un fracasado porque hayas fracasado. Eres mi cónyuge y juntos seguiremos de aquí en adelante». Esas son palabras de afirmación expresadas en el dialecto de las palabras bondadosas.

Palabras humildes

El amor hace peticiones, no demandas. Cuando le exijo cosas a mi esposa, me convierto en padre y ella en hija. El padre es el que le dice al hijo de tres años lo que debe hacer y, en realidad, qué debe hacer. Eso es necesario porque el hijo de tres años no sabe cómo navegar en las traicioneras aguas de la vida. En el matrimonio, sin embargo, somos compañeros adultos en igualdad de condiciones. Si queremos desarrollar una relación íntima, necesitamos conocer los deseos mutuos. Si queremos amarnos el uno al otro, necesitamos conocer lo que desea la otra persona.

> Estoy sorprendido **de cómo muchos individuos** mezclan **cada nuevo día con** el ayer.

La manera en que expresamos esos deseos, sin embargo, es crucial. Si se presentan como demandas, eliminamos la posibilidad de la intimidad y alejaremos a nuestro cónyuge. No obstante, si hacemos conocer nuestras necesidades y deseos como peticiones, damos orientación, no un ultimátum. El esposo que dice: «¿Podrías hacer una buena pasta una de estas noches?», está dándole a su esposa una orientación de cómo amarlo y, de ese modo, forjar la intimidad. Por otra parte, el esposo que dice: «¿No podemos tener una comida decente por aquí?», se comporta como un adolescente, hace una demanda y es probable que su esposa le devuelva el fuego: «Está bien, ¡cocina tú!». La esposa que dice: «¿Crees que te será posible limpiar la tubería de desagüe este fin de semana?», está expresando amor mediante una petición. Sin embargo, la esposa que ha dejado de amar y se ha convertido en una esposa dominante dice: «Si no limpias pronto esas cañerías, van a derrumbar la casa. ¡Ya hay árboles creciendo allí!».

Cuando le haces una petición a tu cónyuge, afirmas su valor y sus capacidades. En esencia, le das a entender que tiene algo, o puede hacer algo, que es importante y valioso para ti. Sin embargo, cuando haces demandas, ya no eres un amante, sino un tirano. Tu cónyuge no se sentirá afirmado, sino humillado. Una petición presenta el elemento de la decisión. Quizá tu pareja decida aceptar tu petición o negarla, porque el amor siempre es una decisión. Esto es lo que lo hace significativo. El conocimiento de que mi esposa me ama lo suficiente como para aceptar una de mis peticiones me comunica de manera emocional que se preocupa por mí, me respeta, me admira y desea hacer algo que me agrade. No podemos obtener amor emocional por la vía de la demanda. Es más, mi esposa puede cumplir con mis exigencias, pero eso no es una expresión de amor. Es un acto de temor, de culpa o de cualquier otra emoción, pero no de amor. Por lo tanto, una petición crea la posibilidad de una expresión de amor, mientras que una demanda elimina esa posibilidad.

Más formas de afirmar

Las palabras de afirmación son uno de los cinco lenguajes básicos del amor. Dentro de ese lenguaje, sin embargo, existen muchos dialectos. Ya analizamos algunos y hay muchos más. Se han escrito volúmenes enteros y numerosos artículos sobre estos dialectos. Todos tienen en común el uso de palabras que afirmen al cónyuge. El psicólogo William James dijo que la necesidad más profunda del ser humano es la de sentirse apreciado. Las palabras de afirmación llenarán esa necesidad en muchos individuos. Si tú no eres una persona de palabras, si ese no es tu lenguaje primario del amor pero crees que quizá sea el lenguaje primario del amor de tu cónyuge, te sugiero que tengas un cuaderno titulado «Palabras de afirmación». Cuando leas un artículo o libro sobre el amor, anota las palabras de afirmación que encuentres. Cuando oigas una conferencia sobre el amor o escuches a algún amigo diciendo algo positivo sobre otra persona, escríbelo. Con el tiempo, coleccionarás una buena lista de palabras de afirmación que puedes usar para comunicarle amor a tu cónyuge.

También puedes probar usando palabras indirectas de afirmación; es decir, diciendo cosas positivas de tu cónyuge cuando no esté presente. En cualquier momento, alguien se lo contará a tu cónyuge y tendrás todo el crédito para el amor. Dile a la madre de tu esposa lo fantástica que es tu esposa. Cuando tu suegra le cuente lo que dijiste, ten la seguridad que será mucho más y tú conseguirás aun mayor crédito. Además, afirma a tu cónyuge delante de otros cuando esté presente. Cuando le honren en público por algún triunfo, asegúrate de participar de ese homenaje con tu cónyuge. Puedes también tratar de escribir palabras de afirmación. Las palabras escritas tienen la ventaja de leerse una y otra vez.

Hace unos años, aprendí una importante lección acerca de las palabras de afirmación y los lenguajes del amor en Little Rock, Arkansas. Mi visita a Bruno y Betty fue en un hermoso día de primavera. Vivían en un grupo de casas con cercas blancas de estacas, césped verde y flores de la primavera en plena hermosura. Era idílico. Una vez dentro, sin embargo, descubrí que terminó el idealismo. Su matrimonio estaba en ruinas. Después de doce años y dos hijos, se preguntaban por qué se habían casado. Parecían discrepar en todo. En lo único que estaban de acuerdo era en que ambos amaban a los hijos. Mientras se revelaba la historia, observé que Bruno era un adicto al trabajo y que tenía poco tiempo para Betty. Ella trabajaba media jornada, sobre todo para estar fuera de la casa. Su método de lucha era retraerse. Trataban de poner distancia entre sí de modo que sus conflictos no parecieran tan grandes. Aun así, el indicador de ambos tanques de amor decía «vacío».

Me dijeron que habían buscado consejería matrimonial, pero parecía que no progresaban mucho. Asistieron a mi seminario para matrimonios y al siguiente día yo ya salía del pueblo. Es probable que este fuera mi último encuentro con Bruno y Betty. Decidí poner todo mi esfuerzo.

Pasé una hora con cada uno por separado. Escuché con atención ambas historias. Descubrí que a pesar del vacío de su relación y sus muchos desacuerdos, apreciaban ciertas cosas el uno del otro. Bruno reconoció: «Es una buena madre. También una buena ama de casa y una excelente cocinera cuando decide cocinar. Aun así», continuó, «no recibo ningún afecto de Betty. Me mato trabajando y no hay agradecimiento». En mi conversación con Betty, aceptó que Bruno era un excelente proveedor para la familia. «Sin embargo», se quejó, «no hace nada en la casa para ayudarme, y nunca tiene tiempo para mí. ¿Qué sacamos teniendo la casa, el automóvil y todas las demás cosas si nunca las disfrutamos juntos?».

Con esa información decidí enfocar mi consejo haciéndole solo una sugerencia a cada uno. Les dije a Bruno y a Betty, por separado, que cada uno tenía la clave para cambiar el ambiente emocional del matrimonio. «Esa clave», dije, «es expresar aprecio verbal por las cosas que te gustan de la otra persona y, por el momento, suspender tus quejas sobre las cosas que no te gusten». Revisamos los comentarios positivos que ya habían hecho el uno del otro, y los ayudé a escribir una lista de esos rasgos positivos. La lista de Bruno se centró en las actividades de Betty como madre, ama de casa y cocinera. La lista de Betty se centró en el trabajo intenso y en la provisión económica para la familia. Hicimos las listas tan específicas como fue posible. La lista de Betty quedó así:

- Él no ha perdido un día de trabajo en doce años.
- Es dinámico en su trabajo.
- Ha recibido varias promociones a través de los años.
- Siempre está pensando en las maneras de mejorar su productividad.
- Hace el pago de la casa cada mes.
- Es un buen administrador financiero.
- Hace tres años nos compró un vehículo recreativo.
- Mantiene al día el trabajo del jardín o contrata a alguien para que lo haga.

- Es generoso con las finanzas.
- Saca la basura una vez al mes.
- Está de acuerdo en que utilice el dinero de mi trabajo de media jornada de la manera que desee.

La lista de Bruno quedó así:
- Arregla las camas todos los días.
- Mantiene nuestra casa limpia y ordenada.
- Los niños van a la escuela cada mañana con un buen desayuno.
- Hace la comida unos tres días a la semana.
- Compra los víveres.
- Ayuda a los niños con sus deberes.
- Lleva a los niños a la escuela y a las actividades de la iglesia.
- Enseña la clase de primer grado en la Escuela Dominical.
- Lleva mi ropa a la tintorería.

Les sugerí que añadieran a la lista las cosas que notaran en las siguientes semanas. También les sugerí que dos veces a la semana escogieran un rasgo positivo y expresaran apreciación verbal al cónyuge por eso. Les di una indicación más. Le dije a Betty que si Bruno la elogiaba, no debía decirle otro a él en ese momento, sino que más bien debía recibirlo y decir: «Gracias por decirme eso». A Bruno le dije lo mismo. Los animé a que lo pusieran en práctica cada semana durante dos meses, y si lo encontraban útil, podían continuarlo. Si el experimento no ayudaba a mejorar el ambiente emocional del matrimonio, podrían cancelarlo como otro intento fallido.

Al día siguiente, tomé el avión y regresé a casa. Escribí una nota para llamar a Bruno y a Betty dos meses más tarde a fin de ver lo que había sucedido. Cuando los llamé a mediados del verano, pedí hablar con cada uno por separado. Me sorprendió saber que la actitud de Bruno había dado un gigantesco paso adelante. Se había imaginado que le había dado a Betty el mismo consejo que le di a él, pero todo estaba bien. Le encantaba. Betty estaba apreciando su trabajo y su provisión para la familia. «En verdad me ha hecho sentir hombre de nuevo. Tenemos mucho trecho que recorrer, doctor Chapman, pero creo que estamos en el camino».

Cuando hablé con Betty, sin embargo, descubrí que solo había dado un paso de bebé hacia delante. Me dijo: «Algo ha mejorado, doctor Chapman, todavía no saca tiempo para mí. Todavía está demasiado ocupado en el trabajo, por lo que nunca tenemos un tiempo juntos».

Mientras escuchaba a Betty, supe que había hecho un importante descubrimiento. El lenguaje del amor de una persona no es necesariamente el lenguaje del amor de otra. Era obvio que el lenguaje primario del amor de Bruno era palabras de afirmación. Era un buen trabajador y disfrutaba su trabajo, pero lo que más quería de su esposa era expresiones de aprecio por su trabajo. Es probable que ese patrón comenzara en su niñez y la necesidad por afirmación verbal no era menos importante en su vida de adulto. Betty, por otro lado, clamaba de manera emocional por algo más. Eso nos da pie al segundo lenguaje del amor.

Coméntale a tu cónyuge las ocasiones cuando las palabras causaron un profundo impacto en tu vida, ya sea de manera positiva o negativa.

Si el lenguaje del amor de tu cónyuge es
PALABRAS DE AFIRMACIÓN:

1. Recuerda que las «Palabras de afirmación» es el lenguaje primario del amor de tu cónyuge, imprime lo siguiente en una tarjeta y ponla en un espejo o en otro lugar donde la veas todos los días:

   ¡Las palabras son importantes!
   ¡Las palabras son importantes!
   ¡Las palabras son importantes!

2. Durante una semana, mantén un registro por escrito de todas las palabras de afirmación que le das a tu cónyuge cada día.

   El lunes, dije:
   «Hiciste un buen trabajo en esta comida».
   «En verdad, te ves elegante con ese traje».
   «Te agradezco que recogieras la ropa en la tintorería».

   El martes, dije:
   etc.

   Quizá te sorprendas lo bien (o mal) que dices las palabras de afirmación.

3. Establece una meta a fin de hacerle diferentes cumplidos a tu cónyuge cada día durante un mes. Si «una manzana al día del médico te alejaría», quizá

un elogio al día del consejero te libraría. (Es posible que desees registrar estos cumplidos también, así no duplicarás las declaraciones).

4. Mientras ves televisión, lees o escuchas las conversaciones de personas, ten en cuenta las palabras de afirmación que usa la gente. Escribe las declaraciones en un cuaderno o guárdalas de manera electrónica. Léelas de vez en cuando y selecciona las que podrías usar con tu cónyuge. Cuando uses una, anota la fecha en que la usaste. Tu cuaderno quizá se convierta en el libro del amor. Recuerda, ¡las palabras son importantes!

5. Escribe una carta, un párrafo o una oración de amor para tu cónyuge, ¡y entrégasela en silencio o con una fanfarria! Tal vez algún día encuentres tu carta de amor pegada en algún lugar especial. ¡Las palabras son importantes!

6. Elogia a tu cónyuge delante de sus padres o amigos. Lograrás un crédito doble: Tu cónyuge se sentirá amado y los padres se sentirán afortunados de tener semejante yerno o nuera.

7. Busca los puntos fuertes de tu cónyuge y dile lo mucho que aprecias esas fortalezas. Lo más probable es que se va a esforzar al máximo a fin de estar a la altura de su reputación.

8. Diles a tus hijos lo genial que es su madre o su padre. Hazlo a espaldas de tu cónyuge y en su presencia.

LOS 5 LENGUAJES DEL AMOR

Palabras de afirmación
Tiempo de calidad
Regalos
Actos de servicio
Toque físico

capítulo 5

Segundo lenguaje del amor:
Tiempo *de* calidad

Debí haber captado el lenguaje primario del amor de Betty desde el principio. ¿Qué decía esa noche de primavera cuando los visité a ella y a Bruno en Little Rock? «Bruno es un buen proveedor, pero no pasa tiempo conmigo. ¿De qué sirven todas las cosas si jamás las disfrutamos juntos?». ¿Cuál era su deseo? El tiempo de calidad con Bruno. Deseaba su atención. Deseaba que se enfocara en ella, que le diera tiempo, que hiciera cosas con ella.

Por «tiempo de calidad», me refiero a darle a alguien toda la atención. No me refiero a que se sienten juntos en el sofá para ver la televisión. Cuando pasas tiempo de esa manera, los canales de televisión tienen tu atención, no tu cónyuge. Lo que quiero decir es sentarse en el sofá con la televisión apagada, mirándose el uno al otro y conversando, dándose toda su atención. Significa dar un paseo, solos los dos, o saliendo a comer y mirarse el uno al otro y conversar. ¿Alguna vez has notado que en un restaurante casi siempre se puede decir la diferencia entre una pareja de novios y una pareja casada? La pareja de novios se miran el uno al otro y conversan. La pareja de casados se sienta allí y miran para todos lados. ¡Se podría decir que fueron allí para comer!

Cuando me siento con mi esposa y le presto veinte minutos de toda mi atención y ella hace lo mismo para mí, nos estamos dando veinte minutos de vida. Nunca más tendremos esos veinte minutos; nos estamos dando nuestras vidas el uno al otro. Esto es un poderoso comunicador emocional de amor.

Una medicina no puede curar todas las enfermedades. En mi consejo a Bruno y a Betty, cometí una seria equivocación. Di por sentado que las palabras de afirmación significarían lo mismo para Betty que para Bruno. Esperaba que si cada uno le daba una afirmación verbal al otro, cambiaría el ambiente emocional y ambos se sentirían amados. A Bruno le dio resultado. Comenzó a sentirse más positivo en cuanto a Betty. Empezó a presentir genuino agradecimiento por su arduo trabajo, pero no resultó también para Betty, pues las palabras de afirmación no eran su lenguaje primario del amor. Su lenguaje era tiempo de calidad.

Regresé al teléfono y le di gracias a Bruno por sus esfuerzos en los últimos dos meses. Le dije que había hecho un buen trabajo de expresarle afirmación verbal a Betty y que ella había escuchado sus afirmaciones.

—Sin embargo, doctor Chapman —dijo—, Betty todavía no está muy feliz. No creo que las cosas le resulten mucho mejor.

—Tienes razón —le dije—, y pienso que sé el porqué. El problema es que te sugerí el lenguaje de amor equivocado.

Bruno no tenía la más mínima idea de lo que le quería decir. Le expliqué que lo que hace a una persona sentirse amada de manera emocional no siempre hace que la otra persona se sienta amada de forma emocional.

Bruno estuvo de acuerdo en que su lenguaje era las palabras de afirmación. Me dijo lo mucho que significó cuando era muchacho y lo bien que se sentía cuando Betty reconocía las cosas que hacía. Le expliqué que el lenguaje de Betty no era las palabras de afirmación, sino tiempo de calidad. Le expliqué el concepto de darle toda su atención a alguien, sin, hablarle mientras lee el periódico ni viendo televisión, sino mirándole a los ojos, dándole toda la atención, haciendo algo con ella que lo disfrute a plenitud y haciéndolo sin reservas.

—Como acompañarla a un concierto —me dijo.

Podría decir que la luz venía a Little Rock.

—Doctor Chapman, eso es de lo que siempre se ha quejado. No hago cosas con ella, ni paso tiempo a su lado. Me dijo: "Íbamos a distintos lugares y hacíamos cosas juntos antes de casarnos, pero ahora estás demasiado ocupado». Ese es su lenguaje del amor, de acuerdo, no hay discusión. Sin embargo, doctor Chapman, ¿qué voy a hacer? Mi trabajo exige mucho.

—Háblame de eso —le dije.

Durante los siguientes diez minutos me habló de su ascenso en la organización, de lo mucho que había trabajado y de lo orgulloso que estaba de sus logros. Me habló de sus sueños para el futuro y de que sabía que dentro de los próximos cinco años estaría donde deseaba estar.

—¿Quieres estar allí solo o quieres estar con Betty y los niños? —pregunté.

—Quiero que ella esté conmigo, doctor Chapman. Quiero que lo disfrute conmigo. Por eso me duele tanto cuando me critica por emplear mi tiempo en el trabajo. Lo estoy haciendo por nosotros. Quería que fuera parte de esto, pero siempre es muy negativa.

—¿Comienzas a ver por qué es tan negativa, Bruno? —le pregunté—. Su lenguaje del amor es tiempo de calidad. Tú le has dado tan poco tiempo que su tanque del amor está vacío. No se siente segura de tu amor. Por lo tanto, las emprende contra lo que piensa que le roba tu tiempo, tu trabajo. En realidad, no detesta tu trabajo. Detesta el hecho de que recibe muy poco amor de ti. Solo hay una respuesta, Bruno, y es costosa. Tienes que buscar tiempo para Betty. Tienes que amarla en su lenguaje adecuado del amor.

—Sé que tiene razón, doctor Chapman. ¿Dónde comienzo?

—¿Tienes a la mano tu cuaderno? ¿Ese en el que hicimos la lista de las cosas positivas de Betty?

—Aquí está.

—Muy bien. Vamos a hacer otra lista. ¿Cuáles son algunas de las cosas que sabes que a Betty le gustaría que hicieras con ella? Las cosas que ha mencionado a través de los años.

He aquí la lista de Bruno:

- Pasar fines de semana en las montañas (algunas veces con los niños y otras solos los dos).
- Vernos para almorzar (en un buen restaurante o en ocasiones hasta en un McDonald's).
- Conseguir una niñera y llevarla a cenar, solos los dos.
- Cuando llegue a casa en la noche, sentarnos y conversar acerca de mi día y escucharla mientras me cuenta sobre su día. (No quiere que vea televisión mientras tratamos de conversar).
- Pasar tiempo hablando con los niños acerca de sus experiencias escolares.
- Dedicar tiempo para jugar con los niños.
- Ir de picnic con ella y los niños un sábado y no quejarme por las hormigas y las moscas.
- Tomar vacaciones con la familia al menos una vez al año.
- Ir de paseo con ella y conversar mientras caminamos.

—Esas son las cosas de las que me ha hablado por años —dijo.

—Sabes lo que voy a sugerirte, ¿verdad, Bruno?

—Que las haga —dijo.

—Así es. Una vez a la semana durante los próximos dos meses. ¿De dónde sacarás el tiempo? Hallarás el tiempo. Eres un hombre inteligente —continué—. No estarías donde estás si no fueras bueno en tomar decisiones. Tienes la capacidad de planificar tu vida e incluir a Betty en tus planes.

—Lo sé —dijo—. Puedo hacerlo.

—Además, Bruno, esto no tiene que disminuir tus metas vocacionales. Solo significa que cuando llegues a la cima, Betty y los niños estarán contigo.

—Eso es lo que quiero más que nada. Ya sea que esté en la cima o no, quiero que sea feliz, y quiero disfrutar de la vida con ella y los niños.

Los años han venido y se han ido. Bruno y Betty han llegado a la cima y han retrocedido, pero lo importante es que lo han hecho juntos. Los hijos ya dejaron el nido, y Bruno y Betty están de acuerdo en que estos son sus mejores años. Bruno ha llegado a ser un entusiasta aficionado de la música sinfónica, y Betty ha hecho una lista interminable en su cuaderno de las cosas que aprecia de Bruno. Él nunca se cansa de oírlas. Ahora, ha comenzado su propia compañía y está cerca de la cima otra vez. Su trabajo ya no es una amenaza para Betty. Ella está entusiasmada con esto y lo anima. Sabe que es número uno en su vida. Su tanque de amor está lleno, y si comienza a vaciarse, sabe que una simple petición de su parte conseguirá la atención completa de Bruno.

Atención enfocada

No es suficiente con solo estar en la misma habitación con alguien. Un ingrediente clave al darle a tu cónyuge tiempo de calidad es darle una atención enfocada, en especial en esta era de muchas distracciones. Cuando un padre está sentado en el suelo tirándole una pelota a su hijo de dos años, su atención no está centrada en la pelota, sino en su hijo. Sin embargo, en ese breve instante, no importa lo largo que sea, están juntos. En cambio, si el padre está hablando por teléfono mientras tira la pelota, su atención está reducida. Algunos esposos y esposas piensan que están pasando tiempo juntos cuando, en realidad, solo viven a corta distancia. Están en la misma casa al mismo tiempo, pero no están juntos. Una esposa que está enviando mensajes de texto mientras su esposo trata de hablar con ella no le está dando tiempo de calidad porque él no tiene su total atención.

El tiempo de calidad no significa que tengamos que pasar nuestros momentos juntos contemplándonos a los ojos. Quiere decir que hacemos algo juntos y que vamos a darle toda nuestra atención a la otra persona. La actividad en que estamos ocupados es circunstancial. Lo importante es que emocionalmente pasamos tiempo centrados el uno en el otro. La actividad es un vehículo que crea el sentido de unión. Lo importante con el padre que hace rodar la pelota hacia el hijo de dos años no es la actividad misma, sino los sentimientos que se crean entre el padre y su hijo.

Del mismo modo, un esposo y una esposa que juegan juntos al tenis, si el tiempo de calidad es genuino, no se enfocarán tanto en el juego, sino en el hecho de que pasan tiempo juntos. Lo que importa es lo que sucede en el ámbito emocional. Nuestro empleo de tiempo en una actividad en común comunica que nos interesamos el uno por el otro, que disfrutamos de nuestra compañía mutua, que nos gusta hacer cosas juntos.

Conversación de calidad

Como las palabras de afirmación, el lenguaje del tiempo de calidad tiene también muchos dialectos. Uno de los dialectos más comunes es la *conversación de calidad*. Por conversación de calidad, me refiero a un diálogo comprensivo donde los dos individuos expresan sus experiencias, pensamientos, sentimientos y deseos en un contexto amistoso e ininterrumpido. La mayoría de los individuos que se queja de que su cónyuge no conversa, no significa literalmente que nunca diga una palabra. Quiere decir que rara vez participa de un diálogo comprensivo. Si el lenguaje primario del amor de tu cónyuge es tiempo de calidad, tal diálogo es crucial para su sentimiento emocional de ser amado.

> **La mayoría de** individuos que se queja **de que su cónyuge** no conversa, **no significa literalmente que** nunca diga una palabra.

La conversación de calidad es bastante diferente del primer lenguaje del amor. Las palabras de afirmación se concentran en lo que decimos, mientras que la conversación de calidad se concentra en lo que escuchamos. Si te demuestro mi amor a través del tiempo de calidad y vamos a pasar ese tiempo conversando, eso significa que me concentraré en sacarte más palabras, escuchando de manera comprensiva lo que tienes que decirme. Te haré preguntas, sin importunarte, sino con un verdadero deseo de entender tus pensamientos, sentimientos y deseos.

Conocí a Patricio cuando él tenía cuarenta y tres años y llevaba diecisiete años de casado. Lo recuerdo porque sus primeras palabras fueron dramáticas. Se sentó en la silla de cuero de mi oficina y después se presentó con unas pocas palabras, se inclinó hacia delante y dijo con gran emoción:

—Doctor Chapman, he sido un tonto, un verdadero tonto.

—¿Qué te llevó a esa conclusión? —le pregunté.

—He estado casado durante diecisiete años —dijo—, y mi esposa me dejó. Ahora me doy cuenta de lo tonto que he sido.

—¿De qué manera has sido un tonto? —repetí mi pregunta original.

—Mi esposa venía a casa de su trabajo y me contaba los problemas de su oficina. La escuchaba y después le decía lo que pensaba que debía hacer. Siempre la aconsejaba. Le decía que tenía que enfrentar el problema. "Los problemas no desaparecen. Tienes que hablar con las personas involucradas o con tu supervisor. Tienes que lidiar con los problemas". Al día siguiente venía a casa del trabajo y me contaba los mismos problemas. Le preguntaba si había hecho lo que le sugerí el día anterior. Sacudía su cabeza y decía que no. Así que le repetía mi consejo. Le decía que esa era la manera de lidiar con la situación. Venía a casa el siguiente día y me contaba los mismos problemas. Una vez más le preguntaba si hizo lo que le sugerí. Sacudía su cabeza y decía que no.

»Después de tres o cuatro noches así, me enojé. Le dije que no esperara ninguna comprensión de mi parte si no estaba dispuesta a aceptar el consejo que le daba. No tenía que vivir bajo esa clase de estrés y presión. Podía resolver el problema si solo hacía lo que le decía. Me dolía verla vivir bajo tal estrés, porque sabía que no tenía que ser así. La próxima vez que me trajera el problema le diría: "No quiero oírlo. Te he dicho lo que debes hacer. Si no vas a escuchar mi consejo, no quiero oírlo".

»Entonces me distancié y me dediqué a mis asuntos. Ahora me doy cuenta que ella no quería mi consejo cuando me contaba sobre sus luchas en el trabajo. Deseaba comprensión. Deseaba que la escuchara, que le prestara atención, que le dijera que yo podía entender su dolor, su estrés, su presión. Deseaba saber que la amaba y que estaba de su parte. Ella no quería consejo; solo deseaba saber que la comprendía. Sin embargo, nunca traté de entender. Estaba demasiado ocupado dando consejos. Y ahora ella se fue.

»¿Por qué no se pueden ver estas cosas cuando uno está pasando por ellas? —me preguntó—. Fui ciego a lo que estaba pasando. Solo ahora entiendo cómo le fallé.

La esposa de Patricio le había estado suplicando conversación de calidad. En lo emocional, anhelaba que le prestara atención al escuchar de su dolor y frustración. Patricio no se preocupó por escuchar, sino por hablar. Solo escuchó lo suficiente para oír el problema y formular una solución. No escuchó lo bastante bien para oír el clamor por apoyo y entendimiento.

> **Ella no** quería consejo; **solo deseaba saber que** la comprendía.

Muchos de nosotros somos como Patricio. Estamos preparados para analizar los problemas y buscar soluciones. Olvidamos que el matrimonio es una relación, no un proyecto para terminar, ni un problema para resolver. Una relación necesita que se le escuche con comprensión, a fin de entender los pensamientos, los sentimientos y los deseos de la otra persona. Debemos estar dispuestos a dar consejo solo cuando se nos pida y nunca de una manera condescendiente. La mayoría de nosotros tiene poca preparación para escuchar. Somos mucho más eficientes en pensar y hablar. Aprender a escuchar puede ser tan difícil como aprender un idioma extranjero, pero debemos hacerlo si queremos comunicar amor. Eso es verdad en especial si el lenguaje primario del amor de tu cónyuge es tiempo de calidad, y si su dialecto es conversación de calidad. Por fortuna, se han escrito numerosos libros acerca de cómo desarrollar el arte de escuchar. No es mi interés repetir lo escrito, pero sugiero el siguiente resumen de consejos prácticos.

1. Mantén contacto visual cuando habla tu cónyuge. Eso impide que tu mente vague y le asegura que tiene toda tu atención.

2. No escuches a tu cónyuge y hagas otra cosa al mismo tiempo. Recuerda, el tiempo de calidad le da a alguien toda tu atención. Si estás mirando, leyendo o haciendo algo en lo que estás muy interesado y no puedes apartar de allí tu atención de inmediato, dile a tu esposa la verdad. Una estrategia positiva podría ser: «Sé que tratas de

hablar conmigo y me interesa, pero quiero darte toda mi atención. No puedo hacer eso ahora, pero si me das diez minutos para terminar esto, me sentaré y te escucharé». La mayoría de las esposas respetará tal petición.

3. Escucha los sentimientos. Pregúntate: «¿Qué emociones está experimentando mi cónyuge?». Cuando creas que tienes la respuesta, confírmalo. Por ejemplo: «A mí me parece que te sientes desilusionada porque olvidé _____». Eso le da la posibilidad de aclarar sus sentimientos. También indica que le escuchas con suma atención lo que dice.

4. Observa el lenguaje corporal. Los puños apretados, las manos temblorosas, las lágrimas, el ceño fruncido y los movimientos de los ojos quizá te den pistas de cómo se está sintiendo el otro. A veces el lenguaje corporal da un mensaje, mientras las palabras expresan otro. Pide aclaración a fin de asegurarte de lo que piensa o siente el otro en realidad.

5. Niégate a interrumpir. Investigaciones recientes indican que el individuo promedio solo escucha diecisiete segundos antes de interrumpir e intercalar sus propias ideas. Si te doy mi atención total mientras hablas, me abstendré de defenderme, de lanzar acusaciones en tu contra o de indicar de manera dogmática mi posición. Mi meta es descubrir tus pensamientos y sentimientos. Mi objetivo no es defenderme ni llamarte la atención. Es entenderte.

Aprende a conversar

La conversación de calidad no solo requiere comprensión para escuchar, sino también autorrevelación. Cuando una esposa dice: «Desearía que mi esposo hablara. ¡Nunca sé lo que piensa ni siente!», suplica por intimidad. Quiere sentirse cerca de su esposo, ¿pero cómo puede sentirse cerca de alguien que no conoce? Para que se sienta amada, él debe aprender a revelarse. Si el lenguaje primario del amor de ella es tiempo de calidad, y si su dialecto es conversación de calidad, su tanque emocional de amor nunca se llenará hasta que él no le exprese sus pensamientos y sentimientos.

> Investigaciones recientes **indican que el** individuo promedio **solo escucha diecisiete segundos antes** de interrumpir.

La autorrevelación no es fácil para algunos de nosotros. Muchos adultos crecieron en hogares donde no se estimulaba la expresión de los pensamientos o los sentimientos, sino que se condenaba. Pedir un juguete era recibir un sermón sobre el lamentable estado de la economía familiar. El niño salía sintiéndose culpable por tener ese deseo, y enseguida aprendía a no expresar sus deseos. Cuando expresaba enojo, los padres le respondían con palabras duras y condenatorias. Por lo tanto, el niño aprendía que no era apropiado expresar los sentimientos de enojo. Si hacían sentir culpable al niño por expresar desilusión por no poder ir a la tienda con su padre, aprendía a guardar dentro su desilusión. En el momento en que alcanzamos la edad adulta, muchos hemos aprendido a negar nuestros sentimientos. Ya no estamos en contacto con nuestro ser emocional.

Una esposa le dice a su esposo: «¿Cómo te sentiste por lo que hizo Esteban?». Y el esposo responde: «Creo que actuó mal. Debería...», pero no le expresa sus sentimientos. Expresa sus pensamientos. Tal vez tenga razones para sentir rabia, dolor o desilusión, pero ha vivido tanto tiempo en el mundo del pensamiento que no reconoce sus sentimientos. Cuando decide aprender el lenguaje de la conversación de calidad, será como aprender un idioma extranjero. El lugar para empezar es poniéndose en contacto con sus sentimientos, aceptando que es una criatura emocional, a pesar de que ha negado esa parte de su vida.

Si necesitas aprender el lenguaje de la conversación de calidad, comienza notando las emociones que sientes lejos de tu casa. Lleva siempre contigo un pequeño bloc de notas. Pregúntate tres veces al día: «¿Qué emociones he sentido en las últimas tres horas? ¿Qué sentí camino al trabajo cuando el conductor de atrás manejaba pegado a mi parachoques? ¿Qué sentí cuando me detuve en la estación de gasolina y la bomba automática no cerró y el costado de mi auto se bañó de gasolina? ¿Qué sentí cuando mi supervisor me dijo que el proyecto en el que trabajaba debía terminarse en tres días y yo pensaba que tenía otras dos semanas?».

Escribe tus sentimientos en tu bloc de notas, junto a una o dos palabras que te ayuden a recordar el hecho correspondiente al sentimiento. Tu lista quizá sea como esta:

Acontecimientos	Sentimientos
• maneja pegado a mi parachoques	• enojado
• estación de gasolina	• muy molesto
• terminar proyecto en tres días	• frustrado y ansioso

Haz ese ejercicio tres veces al día y desarrollarás una conciencia real de tu naturaleza emocional. Usando tus notas, comunícale de manera concisa a tu cónyuge tus emociones y los hechos, tantos días como sea posible. En pocas semanas verás que te sentirás bien expresándole tus emociones. Además, al final, te sentirás muy bien analizando tus emociones hacia tu cónyuge, tus hijos y las cosas que suceden en el hogar. Recuerda, las emociones en sí no son ni buenas ni malas. Son solo nuestras respuestas psicológicas a los acontecimientos de la vida.

Basados en nuestros pensamientos y nuestras emociones, tomamos decisiones a la larga. Cuando el conductor de atrás iba pegado a ti en la autopista y te sentiste enojado, quizá tuviste estos pensamientos: Me gustaría que me dejara de molestar; me gustaría que me pasara; si creyera que no me atraparían, presionaría el acelerador y lo dejaría en un cambio de luces; frenaría de pronto, y dejaría que su compañía de seguros me comprara un auto nuevo; quizá me apartaría de la carretera y lo dejaría pasar.

Al fin y al cabo, tomaste alguna decisión o el otro conductor se quedó atrás, dobló o te pasó, y tú llegaste sano y salvo al trabajo. En cada uno de los hechos de la vida, tenemos emociones, pensamientos, deseos y acciones. Es a la expresión de ese proceso que le llamamos autorrevelación. Si decides aprender el dialecto del amor de la conversación de calidad, ese es el camino del aprendizaje que debes seguir.

Los Mares Muertos y los Arroyos Murmurantes

No todos nosotros estamos desconectados de nuestras emo-ciones, pero cuando se trata de hablar, la personalidad nos afecta a todos. He observado dos tipos básicos de personalidad. Al primero lo llamo el «Mar Muerto». En la pequeña nación de Israel, el mar de Galilea fluye hacia el sur a través del río Jordán hasta llegar al Mar Muerto. El Mar Muerto no va a ninguna parte. Recibe, pero no da. Este tipo de personalidad recibe muchas experiencias, muchas emociones y muchos pensamientos durante todo el día. Tiene un gran depósito donde almacena toda esa información, y son perfectamente felices sin hablar. Si le dices a una personalidad de Mar Muerto: «¿Qué pasa? ¿Por qué no hablas esta noche?», es probable que responda: «No pasa nada. ¿Qué te hace pensar que pasa algo?». Y esa respuesta es muy sincera. Le alegra no hablar. Podría manejar de Chicago a Detroit sin decir ni una sola palabra, y sería feliz por completo.

En el otro extremo está el «Arroyo Murmurante». Para esta personalidad, lo que entra por la puerta del ojo o por la del oído sale por la puerta de la boca, y rara vez hay más de sesenta segundos entre los dos. Lo que ven, lo que oyen, lo dicen. Si alguien no está en casa para hablar, llamarán a alguien. «¿Sabes lo que vi? ¿Sabes lo que oí?» Si no pueden conseguir a alguien por teléfono, pueden hablar solos porque no tienen depósito de almacenaje. Muchas veces un Mar Muerto se casa con un Arroyo Murmurante. Eso sucede porque cuando son novios, forman una pareja muy atractiva.

Si eres un Mar Muerto y tienes un noviazgo con un Arroyo Murmurante, de seguro que tendrás unas bonitas veladas. No tienes que pensar: «¿Cómo iniciaré la conversación esta noche? ¿Cómo mantendré la conversación?». En realidad, no tienes nada que pensar. Todo lo que tienes que hacer es mover tu cabeza y decir: «Ajá, ajá», y la otra persona se encargará de llenar toda la noche, y te irás a casa diciendo: «¡Qué persona tan maravillosa!». Por otro lado, si eres un Arroyo Murmurante y tienes un noviazgo con un Mar Muerto, tendrás veladas igual de maravillosas porque los Mar Muerto son los mejores oyentes. Tú hablarás por tres horas. Te escuchará con suma atención y volverás a casa diciendo: «Qué persona tan maravillosa». Ustedes se atraen el uno al otro. No obstante, cinco años después del matrimonio, el Arroyo Murmurante se despierta una mañana y dice: «Llevamos cinco años de casados y no lo conozco». El Mar Muerto dice: «Yo la conozco demasiado bien. Desearía que dejara de fluir por un rato y me diera un descanso». La buena noticia es que el Mar Muerto puede aprender a hablar y el Arroyo Murmurante puede aprender a escuchar. Nuestra personalidad influye en nosotros, pero no nos controla.

Una manera de aprender nuevos patrones es estableciendo un tiempo mutuo cada día en el que cada uno hablará acerca de tres cosas que le sucedieron ese día y cómo se sintieron al respecto. Lo llamo el «Requisito Mínimo Diario» para un matrimonio saludable. Si comienzas con el mínimo diario, en unas pocas semanas o unos meses descubrirás que la conversación de calidad fluye con más libertad entre los dos.

Actividades de calidad

Además del lenguaje del amor básico del tiempo de calidad, o el de darle a tu cónyuge tu total atención, existe otro dialecto llamado actividades de calidad. En un reciente seminario sobre matrimonio, les pedí a las parejas que completaran la siguiente oración: «Me siento más amado por mi cónyuge cuando _____». He aquí la respuesta de un esposo de veintinueve años de edad que llevaba ocho de casado: «Me siento más amado por mi esposa cuando hacemos cosas juntos, las cosas que me gustan hacer y las cosas que le gustan hacer a ella. Conversamos más. Parece que somos novios de nuevo». Esta es una respuesta típica de individuos cuyo lenguaje del amor es tiempo de calidad. El énfasis se encuentra en estar juntos, en hacer cosas juntos, en darse atención total el uno al otro.

Las actividades de calidad pueden incluir cualquier cosa en que uno o ambos tengan interés. El énfasis no está en qué hacen, sino en por qué lo hacen. El propósito es experimentar algo juntos y marcharse sintiendo que «Él se preocupa por mí. Estuvo dispuesto a hacer algo conmigo que disfruto, y lo hizo con una actitud positiva». Eso es amor y, para algunas personas, es la voz más alta del amor.

Uno de los pasatiempos favoritos de Emilia es curiosear en las librerías, desde arrellanarse en los hipermercados, hasta en las tiendecillas de los vendedores de libros usados. Su esposo

Jeffrey, sin ser un ávido lector, ha aprendido a compartir estas experiencias con Emilia y hasta le señala libros que quizá disfrute. Emilia, por su parte, ha aprendido a hacer concesiones y a no obligar a Jeffrey a pasar horas en los estantes. Como resultado, Jeffrey dice con orgullo: «Desde el principio, me propuse de que si había un libro que quería Emilia, se lo compraría». Quizá Jeffrey nunca llegue a ser un ratón de biblioteca, pero se ha convertido en un perito en amar a Emilia.

Las actividades de calidad pueden incluir cosas como plantar un jardín, visitar vecindarios históricos, hacer compras de antigüedades, ir a un concierto, realizar largas caminatas o tener otra pareja invitada para compartir la sopa y el pan hechos en casa. Las actividades solo las limitan tu interés y disposición para probar nuevas experiencias. Los ingredientes esenciales en una actividad de calidad son: (1) que al menos uno de los dos quiera hacerlo, (2) el otro esté dispuesto a hacerlo, y (3) ambos sepan por qué lo hacen: para expresarse amor estando juntos.

Uno de los resultados adicionales de las actividades de calidad es que provee un banco de recuerdos del cual tomar en los próximos años. Afortunada es la pareja que recuerda un paseo por la costa temprano en la mañana, la primavera en que plantaron el jardín de flores, la vez que se lastimaron con hiedra venenosa persiguiendo el conejo por el bosque, la noche que asistieron juntos a su primer partido de las grandes ligas de béisbol, la única vez que fueron a esquiar juntos y él se rompió una pierna, los parques de diversiones, los conciertos, las catedrales, y, claro que sí, el encanto de pararse debajo de una catarata después de una caminata de tres kilómetros. Pueden casi hasta sentir la llovizna cuando la recuerdan. Esos son recuerdos de amor, en especial para la persona en que el lenguaje primario del amor es el tiempo de calidad.

¿Y dónde encontramos tiempo para tales actividades, sobre todo si ambos tienen vocaciones fuera del hogar? Hacemos tiempo de la misma manera que lo hacemos para almorzar y cenar. ¿Por qué? Porque es tan esencial para nuestro matrimonio como las comidas para nuestra salud. ¿Es difícil? ¿Requiere una planificación cuidadosa? Sí. ¿Significa que tenemos que renunciar a algunas actividades individuales? Tal vez. ¿Significa que hacemos cosas que no disfrutamos en lo particular? De seguro. ¿Son valiosas? Sin duda. ¿Qué saco yo de eso? El placer de vivir con un cónyuge que se siente amado y sabe que he aprendido a hablar con fluidez su lenguaje del amor.

Una palabra personal de agradecimiento a Bruno y Betty en Little Rock, quienes me enseñaron el valor del primer lenguaje del amor, palabras de afirmación, y del segundo lenguaje del amor, tiempo de calidad. Ahora vamos hacia Chicago y al tercer lenguaje del amor.

¿Qué es lo que en tu matrimonio le resta valor a pasar tiempo de calidad?

Si el lenguaje del amor de tu cónyuge es TIEMPO DE CALIDAD:

1. Den juntos un paseo por el viejo vecindario donde creció uno de los dos. Haz preguntas acerca de la niñez de tu cónyuge. Pregunta: «¿Cuáles son los recuerdos divertidos de tu niñez?». Luego: «¿Qué fue lo más doloroso de tu niñez?».

2. Vayan al parque municipal y alquilen bicicletas. Paseen hasta que se cansen y, después, siéntense y vean los patos. Cuando se cansen de los graznidos, den vueltas por el jardín de rosas. Aprendan el color favorito de cada uno de las rosas y por qué.

3. Pídele a tu cónyuge una lista de cinco actividades que disfrutaría al hacerlas contigo. Hagan planes de hacer una de ellas cada mes durante los cinco meses siguientes. Si el dinero es un problema, intercalen actividades gratuitas.

4. Pregúntale a tu cónyuge dónde le gusta más sentarse cuando conversa contigo. La próxima semana, envíale un mensaje de texto en la tarde y dile: «Quiero tener una cita contigo una noche esta semana para sentarnos en el portal y conversar. ¿Qué noche y a qué hora sería mejor para ti?».

5. Piensa en una actividad que disfruta tu cónyuge, pero que te dé un poco de placer a ti: Autos de carrera, recorrer baratillos, hacer ejercicios. Dile a tu cónyuge que estás tratando de ampliar tus horizontes y que te gustaría que te le unieras en esta actividad alguna vez este mes. Fija una fecha y aporta tu mejor esfuerzo.

6. Planea una escapada de un fin de semana solo para ustedes dos alguna vez en los próximos seis meses.

Asegúrate de que sea un fin de semana cuando no tengas que llamar a la oficina ni tengas un compromiso con tus hijos. Céntrense en descansar juntos haciendo lo que disfruten los dos o uno de los dos.

7. Dediquen tiempo cada día para que comenten entre sí algunos acontecimientos del día. Cuando uno se pasa más tiempo en *Facebook* que escuchándose el uno al otro, se puede terminar más preocupado por nuestros cientos de «amigos» que por nuestro cónyuge.

8. Cada tres meses, tengan una noche de «Revisemos nuestra historia». Separen una hora a fin de centrarse en su historia. Seleccionen cinco preguntas que responderán cada uno, tales como:

   (1) ¿Quién fue tu mejor y tu peor maestro en la escuela y por qué?

   (2) ¿Cuándo sentiste que tus padres estaban orgullosos de ti?

   (3) ¿Cuál fue el peor error que cometiera tu madre alguna vez?

   (4) ¿Cuál fue el peor error que cometiera tu padre alguna vez?

   (5) ¿Qué recuerdas acerca de los aspectos religiosos de tu niñez?

9. Acampen en la sala. Diseminen sus colchas y almohadas sobre el piso. Consigan refrescos y palomitas de maíz. Finjan que el televisor está roto y hablen como lo solían hacer cuando eran novios. Hablen hasta el amanecer o hasta que suceda otra cosa. Si el suelo está demasiado duro, regresen al piso superior y váyanse a la cama. ¡Nunca olvidarán esta velada!

LOS 5 LENGUAJES DEL AMOR

Palabras de afirmación
Tiempo de calidad
Regalos
Actos de servicio
Toque físico

capítulo 6

Tercer lenguaje del amor:
Regalos

Estaba en Chicago cuando estudiaba antropología. Mediante etnografías detalladas (descripciones impresas de una cultura en particular), visité fascinantes pueblos de todo el mundo. Fui a América Central y estudié las avanzadas culturas de los mayas y los aztecas. Crucé el Pacífico y estudié las tribus de la Melanesia y la Polinesia. Estudié a los esquimales de la tundra del norte y a los aborígenes ainus del Japón. Examiné los patrones culturales relacionados con el amor y el matrimonio y descubrí que, en todas las culturas que estudié, el dar regalos era una parte del proceso amor-matrimonio.

Los antropólogos están tan intrigados por los patrones culturales que tienden a penetrar en las culturas, y así estaba yo. ¿Podría ser que el dar regalos sea una expresión tan importante del amor que trascienda las barreras culturales? ¿Está la actitud del amor acompañada siempre por el concepto de dar? Esas eran preguntas académicas y filosóficas, de alguna manera, pero si la respuesta es sí, tienen profundas implicaciones prácticas para las parejas norteamericanas.

«Jugo para usted»

Realicé un viaje de estudio antropológico a la isla de Dominica. Nuestro propósito era estudiar la cultura de los nativos caribeños y conocí a Fred en el viaje. Fred no era un caribeño, sino un joven moreno de veintiocho años de edad. En un accidente de pesca con dinamita, perdió una mano. Desde el accidente, no pudo seguir en la pesca. Tenía mucho tiempo disponible y agradecí su compañía. Pasamos juntos muchas horas hablando sobre su cultura. En mi primera visita a su casa, me dijo:

—Señor Gary, ¿quisiera un poco de jugo?

A lo que respondí con entusiasmo. Se volvió a su hermano menor y le dijo:

—Ve y tráele un poco de jugo al señor Gary.

Su hermano se dio la vuelta, bajó por el sendero de tierra, trepó a un cocotero y volvió con un coco verde.

—¡Ábrelo! —ordenó Fred.

Con tres rápidos movimientos de machete, su hermano destapó el coco, haciendo un agujero triangular en la parte superior. Fred me lo dio y dijo:

—Jugo para usted.

Estaba verde, pero lo tomé, y lo tomé todo, porque sabía que era un regalo de amor. Yo era su amigo y a los amigos se les da jugo.

Al final de nuestras semanas juntos, mientras me preparaba para partir de esa pequeña isla, Fred me dio una muestra final de su amor. Era un palo retorcido de dos centímetros y medio de largo que tomó del océano. Estaba suave de tanto golpear contra las rocas. Fred dijo que ese palo había estado en las playas de Dominica por mucho tiempo, y quería que lo tuviera como un recuerdo de esta hermosa isla. Aun ahora, cuando miro ese palo, casi puedo oír el sonido de las olas del Caribe, pero no es tanto un recuerdo de Dominica como lo es un recuerdo de amor.

Un regalo es algo que puedes tener en tu mano y decir: «Mira, él estaba pensando en mí» o «Ella se acordó de mí». Debes pensar en alguien para darle un regalo. El regalo mismo es un símbolo de ese pensamiento. No importa si cuesta dinero. Lo importante es que pensaste en él. Y lo único que cuenta no es ese pensamiento implantado en la mente, sino la idea expresada en obtener en realidad el regalo y dárselo como la expresión del amor.

Las madres recuerdan los días cuando los hijos les traían flores del jardín como un regalo. Se sentían amadas, aun si era una flor que no querían que nadie la cortara. Desde temprana edad, los niños sienten el deseo de darles regalos a sus padres, que puede ser otro indicio de que regalar es fundamental para el amor.

Los regalos son símbolos visuales del amor. La mayoría de las ceremonias de boda incluyen el dar y recibir anillos. La persona que celebra la ceremonia dice: «Estos anillos son símbolos externos y visibles de un lazo interno y espiritual que unen sus dos corazones en el amor que no tiene fin». Eso no es una retórica sin sentido. Expresa con palabras una verdad significativa: los símbolos que tienen un valor emocional. Tal vez eso se demuestre de manera más gráfica cerca del final de un matrimonio que se desintegra, cuando el esposo o la esposa dejan de usar el anillo de bodas. Es una señal visual de que el matrimonio está en serias dificultades. Un esposo dijo: «Cuando me arrojó su anillo de bodas y salió de la casa dando un portazo, supe que nuestro matrimonio estaba en serios problemas. No recogí su anillo por dos días. Cuando al fin lo hice, lloré». El anillo era un símbolo de lo que debió haber sido, pero allí en su mano y no en el dedo de ella, fue un recordatorio visual de que el matrimonio llegaba a su fin. El anillo solitario conmovió las profundas emociones del esposo.

Los símbolos visuales del amor son más importantes para unas personas que para otras. Por eso es que los individuos tienen diferentes actitudes hacia los anillos de boda. Algunos nunca se quitan el anillo después de la boda. Otros nunca usan un anillo después de la boda. Esa es otra señal de que las personas tienen diferentes lenguajes primarios del amor. Si recibir regalos es mi lenguaje primario del amor, daré gran valor al anillo que me diste y lo usaré con gran orgullo. También me conmoverán mucho de manera emocional otros regalos que me has dado a través de los años. Los veré como expresiones de amor. Sin regalos como símbolos visuales, quizá cuestione tu amor.

Los regalos vienen en todos los tamaños, formas y colores. Algunos son costosos y otros son gratuitos. Para la persona cuyo lenguaje primario del amor es recibir regalos, el costo del regalo importará poco, a menos que el obsequio esté en desacuerdo total con sus posibilidades. Si un millonario casi siempre solo da regalos de un dólar, su cónyuge puede cuestionarse si eso es una expresión de amor, pero cuando las finanzas familiares están limitadas, un regalo de un dólar puede representar millones en amor.

Los regalos pueden comprarse, encontrarse o hacerse. El esposo que encuentra una pluma interesante de ave mientras corría fuera y la lleva a casa para su esposa, ha encontrado una expresión de amor, a menos que su esposa sea alérgica a las plumas. Para el hombre que puede pagarla, puede comprar una hermosa tarjeta por menos de cinco dólares. Para el hombre que no puede pagarla, puede hacer una que no le cueste nada. Toma un papel, lo dobla en la mitad, toma una tijera y recorta un corazón, escribe «Te amo» y pone su nombre. Los regalos no necesitan ser caros.

Sin embargo, ¿qué pasa con la persona que dice: «No soy un dador de regalos. No recibí muchos regalos en mi infancia. Nunca aprendí a escoger regalos. No es algo que me viene con naturalidad»? Felicitaciones, hiciste el primer descubrimiento para ser un gran amante. Tú y tu esposa hablan diferentes lenguajes del amor. Ahora que hiciste ese descubrimiento, procede a aprender tu segundo lenguaje. Si el lenguaje primario del amor de tu cónyuge es recibir regalos, puedes llegar a ser un dador experto. En realidad, es uno de los lenguajes del amor más fáciles de aprender.

¿Dónde comienzas? Haz una lista de todos los regalos con los que tu cónyuge ha expresado entusiasmo al recibirlos a través de los años. Quizá sean regalos que le has dado tú o le han dado otros familiares o amigos. La lista te dará una idea de la clase de regalos que tu cónyuge disfrutaría al recibirlos. Si tienes poco o ningún conocimiento sobre la selección del tipo de regalos de tu lista, pídele la ayuda a familiares que conocen a tu cónyuge. Mientras tanto, escoge los regalos que te resultan fáciles de comprar, hacer o encontrar, y dáselos a tu cónyuge. No esperes una ocasión especial. Si recibir regalos es su lenguaje primario del amor, casi cualquier cosa que le des lo recibirá como una expresión de amor. (Si ha criticado tus regalos en el pasado y casi nada de lo que le has dado resultó aceptable, es muy probable que los regalos no sean su lenguaje primario del amor).

La mejor inversión

Si vas a ser un eficiente regalador, tienes que cambiar tu actitud en cuanto al dinero. Cada uno de nosotros tiene una percepción particular en cuanto al objetivo del dinero, y tenemos varias emociones asociadas con la manera de gastarlo. Algunos somos dados a gastarlo. Nos sentimos bien con nosotros

> **Si vas a ser un** eficiente regalador, **tienes que** cambiar tu actitud **con relación al dinero.**

mismos cuando gastamos dinero. Otros tienen una perspectiva de ahorrar e invertir. Nos sentimos bien con nosotros mismos cuando ahorramos dinero y lo invertimos con sabiduría.

Si eres un derrochador, no tendrás mucho problema para comprarle regalos a tu cónyuge; pero si eres ahorrativo, experimentarás una resistencia emocional ante la idea de gastar dinero como una expresión de amor. No compras cosas para ti; ¿por qué deberías comprar cosas para tu cónyuge? Sin embargo, esa actitud no reconoce en realidad que *estás* comprando cosas para ti mismo. Mediante el ahorro y la inversión de dinero estás comprando autoestima y seguridad emocional. Te preocupas por tus propias necesidades emocionales debido a la manera en que administras el dinero. Lo que no haces es suplir las necesidades emocionales de tu cónyuge. Si descubres que el lenguaje primario del amor de tu cónyuge es recibir regalos, quizá comprendas que la compra de regalos es la mejor inversión que puedas hacer. Inviertes en tu relación y llenas el tanque de amor emocional de tu cónyuge, y con un tanque lleno de amor, es probable que te corresponda con tu amor emocional en un lenguaje que comprenderás. Cuando se suplen las necesidades emocionales de ambas personas, tu matrimonio tomará toda una nueva dimensión. No te preocupes por tus ahorros. Siempre serás ahorrativo, pero invertir en amar a tu cónyuge es invertir en acciones de primera.

El regalo de uno mismo

Existe un regalo intangible que a veces dice más que un regalo que uno pueda sostener en su mano. Le llamo el regalo de uno mismo o el regalo de la presencia. Estar presente cuando tu cónyuge te necesita le dice mucho a la persona cuyo lenguaje de amor primordial es recibir regalos. Janet me dijo una vez:

—Mi esposo Daniel ama más el sófbol que a mí.

—¿Por qué dices eso? —le pregunté.

—El día en que nació nuestro bebé, jugó al sófbol. Yo estuve toda la tarde en el hospital mientras él jugaba sófbol —me dijo.

—¿Y él estuvo presente cuando nació el bebé? —pregunté.

—Claro que sí. Se quedó el tiempo suficiente hasta que nació el niño, pero diez minutos después se fue a jugar sófbol. Yo estaba desconsolada. Era un momento muy importante en nuestras vidas. Quería que lo compartiéramos juntos. Quería que estuviera allí conmigo. Daniel me dejó para irse a jugar.

Ese esposo pudiera haberle enviado una docena de rosas, pero no habrían significado tanto como su presencia en la sala del hospital a su lado. El «bebé» tiene ahora quince años y ella hablaba de ese suceso con gran emoción, como si hubiera pasado ayer. Yo indagué más:

—¿Has basado tu conclusión de que Daniel ama más al sófbol que a ti en esa sola experiencia?

—Ah, no —contestó—. El día del funeral de mi madre, también jugó sófbol.

—¿Fue al funeral?

—Sí, claro. Fue al funeral, pero en cuanto se terminó, se fue a jugar sófbol. Yo no podía creerlo. Mis hermanos y hermanas se fueron a casa conmigo, pero mi esposo estaba jugando sófbol.

Más tarde, le pregunté a Daniel acerca de estos dos sucesos. Sabía con exactitud de lo que le estaba hablando.

—Sabía que lo iba a sacar —me dijo—. Estuve todo el tiempo durante el parto y cuando nació el bebé. Tomé fotos. Yo estaba tan feliz que apenas podía esperar para mostrarles las fotos a mis amigos del equipo, pero el encanto se rompió cuando regresé al hospital esa noche. Ella estaba furiosa conmigo. No podía creer lo que me decía. Pensaba que estaría orgullosa de mí por contárselo al equipo.

»¿Y cuando murió su madre? Es probable que no le contara que pedí una semana en el trabajo antes de que muriera y me pasé toda la semana en el hospital y en la casa de su madre haciendo reparaciones y ayudando. Después que murió y se terminó el funeral, sentí que había hecho todo lo que podía. Necesitaba un respiro. Me gusta jugar sófbol y sabía que eso me ayudaría a relajarme y aliviar un poco el estrés en que había estado. Pensé que ella quería que me tomara el descanso.

»Había hecho lo que pensaba que era importante para ella, pero no fue suficiente. Nunca me ha dejado olvidar esos dos días. Dice que amo más al sófbol que a ella. Eso es absurdo.

Era un esposo sincero que no comprendía el tremendo poder de la presencia. En la mente de ella era más importante su presencia que ninguna otra cosa. Para su esposa, estar allí era más importante que cualquier otra cosa. La presencia física en tiempos de crisis es el regalo más poderoso que puedes darle a tu cónyuge si su lenguaje primario del amor es recibir regalos. Tu cuerpo se convierte en el símbolo de tu amor. Elimina el símbolo, y desaparecerá el significado del amor. En consejería, Daniel y Janet superaron los obstáculos de las heridas y los malentendidos del pasado. Al final, Janet fue capaz de perdonarlo, y Daniel llegó a entender el porqué su presencia era tan importante para ella.

Si la presencia física de tu cónyuge es importante para ti, te insto a que se lo digas. No esperes que lea tu mente. Si por otro lado tu cónyuge te dice: «De veras quiero que estés conmigo esta noche, mañana, esta tarde», toma en serio esa petición. Desde tu perspectiva, quizá no sea importante, pero si no eres sensible a esa petición, tal vez comuniques un mensaje que no tenías la intención de hacer. Un esposo me dijo una vez: «Cuando mi madre murió, el supervisor de mi esposa dijo que podía salir dos horas para el funeral, pero que necesitaba que regresara a la oficina por la tarde. Mi esposa le dijo que sentía que su esposo necesitaba su apoyo ese día y que tendría que estar fuera el día entero. El supervisor respondió: "Si te vas todo el día, es muy probable que pierdas el empleo".

»Mi esposa dijo: "Mi esposo es más importante que mi empleo". Así que pasó el día conmigo. De algún modo, ese día me sentí más amado que nunca antes. Jamás he olvidado lo que hizo. Dicho sea de paso», dijo,

> **De algún modo, ese día me sentí** más amado **que nunca** antes.

«ella no perdió su empleo. Pronto se marchó su supervisor y ella solicitó ese trabajo». Esa esposa habló el lenguaje del amor de su esposo, y él nunca lo olvidó.

Milagro en Chicago

Casi todo lo que se ha escrito alguna vez sobre el tema del amor indica que en el corazón del amor está el espíritu de dar. Los cinco lenguajes del amor nos desafían a darle a nuestro cónyuge, pero para algunos, recibir regalos, símbolos visibles de amor, habla más alto. Escuché la ilustración más gráfica de esa verdad en Chicago, donde conocí a Damián y Katia.

Asistieron a mi seminario sobre matrimonio y se ofrecieron llevarme al aeropuerto O'Hare después del seminario un sábado por la tarde. Teníamos dos o tres horas antes de mi vuelo y me preguntaron si desearía parar en un restaurante. Estaba hambriento, así que acepté de buena gana.

Una vez sentados, Katia comenzó a hablar casi de inmediato.

—Doctor Chapman, Dios lo usó para realizar un milagro en nuestro matrimonio. Hace tres años, asistí por primera vez a un seminario suyo sobre el matrimonio aquí en Chicago. Estaba desesperada —me dijo—. Pensaba muy en serio dejar a Damián y se lo dije así. Nuestro matrimonio había estado vacío por mucho tiempo. Me había dado por vencida. Durante años, le reclamaba a Damián que necesitaba su amor, pero nunca respondía. Amaba a los niños y sabía que ellos me amaban a mí, pero sentía que nada venía de Damián. Es más, por ese tiempo, lo detestaba. Él era una persona metódica. Lo hacía todo por rutina. Era tan previsible como un reloj, y nadie podía invadir su rutina.

»Por años —continuó—, traté de ser una buena esposa. Hacía todas las cosas que pensaba que haría una buena esposa. Tenía relaciones sexuales porque sabía lo importante que eran para él, pero no sentía su amor. Sentía que dejó su compromiso conmigo después que nos casamos y solo me daba por sentado. Me sentía usada e inapreciada.

»Cuando le contaba a Damián sobre mis sentimientos, se reía de mí y decía que teníamos un matrimonio tan bueno como cualquier otro en la comunidad. No comprendía por qué era tan infeliz. Hacía que recordara que se pagaban las cuentas, que teníamos una casa bonita y un auto nuevo, que tenía la libertad de trabajar o no fuera del hogar, y que debía estar feliz en lugar de quejarme todo el tiempo. Ni siquiera trataba de comprender mis sentimientos. Me sentía rechazada por completo.

»Bueno, de cualquier manera —dijo Katia mientras movía su taza de té y se inclinaba hacia delante—, asistimos a su seminario hace tres años. No sabía qué esperar y, a decir verdad, no esperaba mucho. No creía que nadie pudiera cambiar a Damián. Durante el seminario y después de este, él no dijo mucho. Pareció gustarle. Dijo que usted tenía buen sentido del humor, pero no habló conmigo acerca de algunas de las ideas del seminario. Yo no esperaba que lo hiciera, ni se lo pedí.

»Entonces, ese lunes por la tarde, llegó a casa del trabajo y me dio una rosa. "¿Dónde la conseguiste?", le pregunté. "Se la compré a un vendedor ambulante", dijo. "Pensaba que merecías una rosa". Comencé a llorar. "Ah, Damián, ¡qué gran detalle!".

»El martes, me llamó desde la oficina alrededor de la una y media y me preguntó qué creía si compraba una pizza y la llevaba a casa para la cena. Me dijo que pensaba que podría disfrutar de un descanso en cocinar la cena. Le dije que creía que la idea era maravillosa, así que compró la pizza y tuvimos un agradable tiempo juntos. A los niños les encantó la pizza y le agradecieron a su padre por traerla. En realidad, le dieron un abrazo y le dijeron lo mucho que la disfrutaron.

»Cuando llegó a casa el miércoles, le trajo a cada niño una caja de palomitas de maíz garapiñadas, y una planta en una pequeña maceta para mí. Me dijo que sabía que la rosa moriría, y pensó que podría gustarme algo que sobreviviría durante algún tiempo. ¡Comenzaba a pensar que estaba alucinando! No podía creer lo que estaba haciendo Damián ni por qué lo hacía.

»El jueves por la noche después de la cena, me entregó una tarjeta con un mensaje acerca de que no siempre podía expresar su amor por mí, pero que esperaba que la tarjeta me comunicara cuánto le importaba. "¿Por qué no conseguimos una niñera para el sábado por la noche y salimos los dos a cenar?", me sugirió. "Eso sería maravilloso", le dije. El viernes por la tarde se detuvo en la tienda de galletas y nos compró a cada uno nuestras galletitas favoritas. De nuevo, lo guardó como una sorpresa, diciéndonos que solo nos tenía que dar algo para el postre.

»Para el sábado por la noche —dijo—, estaba en órbita. No tenía ni idea de lo que se había apoderado de Damián, ni si iba a durar, pero estaba disfrutando de cada minuto. Después de nuestra cena en el restaurante, le dije: "Damián, tienes que decirme qué está pasando. No comprendo".

Katia se me quedó mirando con fijeza y dijo:

—Doctor Chapman, tiene que entender. Este hombre jamás me había dado una flor desde el día que nos casamos. Nunca me había dado una tarjeta por ninguna ocasión. Siempre decía: "Es un desperdicio de dinero; miras la tarjeta y la botas". Habíamos salido a cenar una vez en cinco años. Nunca les compraba nada a los niños y esperaba que yo solo comprara las cosas esenciales. Jamás había comprado una pizza para cenar en casa. Esperaba que tuviera lista la cena cada noche. Es decir, esto fue un cambio radical en su conducta.

Me volví a Damián y le pregunté:

—¿Qué le dijiste en el restaurante cuando te preguntó qué era lo que estaba sucediendo?

—Le dije que había escuchado su conferencia sobre los lenguajes del amor en el seminario y que me di cuenta que su lenguaje del amor era los regalos. También me di cuenta que no le había dado un regalo en muchos años, tal vez desde que nos casamos. Recordé que cuando éramos novios le llevaba flores y otros pequeños obsequios, pero después del matrimonio pensé que no tenía que hacerlo. Le dije que había decidido que iba a tratar de darle un regalo cada día por una semana y ver si eso producía algún cambio en ella. Tengo que admitir que noté una gran diferencia en su actitud durante la semana.

—Doctor Chapman, tiene que entender Este hombre jamás me había dado una flor desde el día que nos casamos.

»Le dije que me había dado cuenta que lo que usted dijo era verdad, y que aprender el lenguaje adecuado del amor era la clave para que la otra persona se sintiera amada. Le dije que lamentaba haber sido tan torpe todos esos años y que le hubiera fallado al suplir sus necesidades de amor. Le dije que la amaba de verdad y que apreciaba todas las cosas que hacía por mí y los niños. Le dije que con la ayuda de Dios, sería un dador de regalos el resto de mi vida.

»Entonces ella me dijo: "Pero Damián, no puedes comprarme regalos todos los días por el resto de tu vida. ¡No puedes hacer eso!". "Bueno, tal vez no todos los días, pero al menos una vez a la semana. Eso sería cincuenta y dos regalos más por año que lo que recibiste en los últimos cinco años". Continué: "¿Y quién dijo que los compraría todos? Podría hasta hacer algunos de ellos o poner en práctica la idea del doctor Chapman de arrancar una flor del jardín en la primavera".

—Creo que no ha fallado ni una sola semana en tres años —dijo Katia—. Es un nuevo hombre. No creería lo felices que hemos sido. Nuestros hijos ahora nos llaman "tórtolos". Mi tanque está lleno y rebosante.

Me volví a Damián y le pregunté:

—Sin embargo, ¿qué me dices de ti, Damian? ¿Te sientes amado por Katia?

—Ah, siempre me he sentido amado por ella, doctor Chapman. Es la mejor ama de casa del mundo. Es una excelente cocinera. Es maravillosa haciendo cosas para los niños. Sé que me ama —sonrió y dijo—: Ahora usted sabe cuál es mi lenguaje del amor, ¿verdad?

Lo sabía, y también sabía por qué Katia usó la palabra *milagro*.

Los regalos no tienen que ser costosos, ni deben darse cada semana. No obstante, para algunas personas, su valor no tiene nada que ver con el dinero y todo que ver con el amor.

Reflexiona sobre las maneras de darse regalos el uno al otro incluso si las finanzas están apretadas.

Si el lenguaje del amor de tu cónyuge es
REGALOS:

1. Trata de hacer un desfile de regalos. En la mañana, déjale a tu cónyuge una caja de caramelos; en la tarde, envíale flores; en la noche, entrégale un regalo. Cuando tu cónyuge pregunte: «¿Qué está pasando?», respóndele: «¡Solo trataba de llenar tu tanque del amor!».

2. Permite que te guíe tu naturaleza. La próxima vez que salgan a caminar por el vecindario, mantén los ojos bien abiertos por un regalo para tu cónyuge. Quizá sea una piedra, un palillo o una pluma. Incluso, puedes darle un significado especial a tu regalo sencillo. Por ejemplo, una piedra lisa puede simbolizar tu matrimonio con muchos de los lugares ásperos pulidos ahora. Una pluma puede simbolizar cómo tu cónyuge es el «viento debajo de tus alas».

3. Descubre el valor de los «originales hechos a mano». Confecciona un regalo para tu cónyuge. Esto quizá requiera que te matricules en una clase: cerámica, orfebrería, pintura, talla de madera, etc. Tu propósito principal para la matrícula es hacerle un regalo a tu cónyuge. Muchas veces, un regalo hecho a mano se convierte en una reliquia familiar.

4. Entrégale a tu cónyuge un regalo cada día durante una semana. No necesita ser una semana especial, solo cualquier semana. Te garantizo que será «¡La semana especial!». Si eres dinámico de verdad, puedes hacer «¡El mes especial!». No, tu cónyuge no esperará que mantengas esto toda la vida.

5. Mantén un «Cuaderno para ideas de regalos». Cada vez que escuches a tu esposa decir: «Eso me gusta de veras», escríbelo en tu cuaderno. Escucha con sumo cuidado y obtendrás una lista bastante completa. Esto te servirá como una guía cuando

te prepares para seleccionar un regalo. Para calentar motores, pueden revisar juntos un sitio en línea para compras.

6. Recluta a un «comprador personal». Si en verdad no tienes idea de cómo seleccionar un regalo para tu cónyuge, pídele a un amigo o un familiar que conozca bien a tu cónyuge que te ayude. A la mayoría de la gente le encanta hacer feliz a un amigo consiguiéndole un regalo, en especial si es con su dinero.

7. Ofrece el regalo de la presencia. Dile a tu cónyuge: «Este mes quiero ofrecerte el regalo de mi presencia en cualquier actividad o en cualquier ocasión que te guste. Dime cuándo y haré todo lo posible por estar allí». ¡Prepárate! ¡Sé positivo! Quién sabe, quizá disfrutes de la orquesta sinfónica o del juego de *hockey*.

8. Regálale a tu cónyuge un libro y comprométete a leerlo. Luego, proponle que analicen juntos un capítulo cada semana. No escojas un libro que quieres que lea tu cónyuge. Escoge un libro sobre un tema que sepas que le interesa: sexo, fútbol, costura, administración del dinero, crianza de los hijos, religión, viaje de mochilero.

9. Haz un homenaje duradero. Realiza una donación a la iglesia u obra benéfica de tu cónyuge en honor de su cumpleaños, el aniversario de ustedes u otra ocasión. Pídele a la obra benéfica que le envíe a tu cónyuge una tarjeta que le informe lo que hiciste. La iglesia o la obra benéfica se entusiasmarán al igual que lo hará tu cónyuge.

10. Entrégale un regalo viviente. Compra y planta un árbol o un arbusto de flores en honor de tu cónyuge. Quizá lo plantes en tu propio patio, donde puedas echarle agua y cultivarlo, o pide permiso para plantarlo en un parque o bosque público donde lo puedan disfrutar otros también. Recibirás el crédito año tras año.

LOS 5 LENGUAJES DEL AMOR

Palabras de afirmación
Tiempo de calidad
Regalos
Actos de servicio
Toque físico

capítulo 7

Cuarto lenguaje del amor:
Actos *de* servicio

Michelle se sentó en la sala, tecleando en la computadora portátil. Podía escuchar los ruidos en el cuarto de planchar, donde su esposo Braulio se ponía al día con los montones de ropa. Sonrió para sí. En los últimos días, Braulio había limpiado el apartamento, preparado la cena y realizado los recados, todo porque Michelle estaba en medio de los exámenes finales de la licenciatura. La hacía sentir contenta... amada.

El lenguaje primario del amor de Michelle era lo que llamo «actos de servicio». Por actos de servicio, me refiero a hacer cosas que sabes que a tu cónyuge le gustaría que hicieras. Procuras complacerla mediante el servicio, a fin de expresarle tu amor al hacer cosas para ella. Así fue con Damián, a quien conocimos en el capítulo anterior.

Tales acciones como hacer la comida, poner la mesa, lavar los platos, pasar la aspiradora, limpiar una cómoda, cambiarle el pañal al bebé, desempolvar los estantes de libros, mantener el auto en óptimas condiciones, pagar las cuentas, podar los arbustos, sacar a pasear al perro, cambiar la caja de arena del gato y lidiar con los arrendatarios y las compañías de seguros son todos actos de servicio. Requieren reflexión, planificación, tiempo, esfuerzo y energía. Si se hacen con un espíritu positivo, de seguro que son expresiones de amor.

Conversación en un pueblo industrial

Descubrí el impacto de los actos de servicio en el pequeño pueblo de China Grove, en Carolina del Norte. El asentamiento original de China Grove fue entre los árboles de paraíso, no lejos del legendario Mayberry de Andy Griffith, y a una hora y media del monte Pilot. En el momento de esta historia, China Grove era un pueblo industrial con una población de mil quinientos habitantes. Había estado lejos por más de diez años estudiando antropología, psicología y teología. Ahora, realizaba mi visita semestral para mantenerme en contacto con mis raíces.

Casi todos los que conocía, excepto el Dr. Shin y el Dr. Smith, trabajaban en la fábrica textil. El doctor Shin era el médico y el doctor Smith era el dentista. Y por supuesto, allí estaba el predicador Blackburn, que era el pastor de la iglesia. Para la mayoría de las parejas en China Grove, la vida se centraba en el trabajo y en la iglesia. La conversación de toda la fábrica tenía que ver con la última decisión del supervisor y cómo afectaba esta a sus trabajos en particular. Los servicios en la iglesia se centraban sobre todo en los anticipados gozos del cielo. En ese prístino escenario estadounidense descubrí el cuarto lenguaje del amor.

Estaba parado debajo del árbol de paraíso después que salí de la iglesia el domingo cuando se me acercaron Marcos y María.

¿Puede una pareja tener éxito en el matrimonio **si** **discrepan** en todo?

No conocía a ninguno de los dos. Supuse que habían crecido en mi ausencia. Presentándose, Marcos dijo:

—Sé que ha estado estudiando consejería.

—Bueno, un poquito —le dije sonriendo.

—Tengo una pregunta —me dijo—. ¿Puede una pareja tener éxito en el matrimonio si discrepan en todo?

Esta era una de esas preguntas teóricas que yo sabía que tenían una raíz personal. Pasé por alto la naturaleza teórica de su pregunta y le hice una pregunta personal.

—¿Por cuánto tiempo han estado casados?

—Dos años —respondió—. Y no estamos de acuerdo en nada.

—Dame algunos ejemplos —continué.

—Bueno, en primer lugar, a María no le gusta que yo vaya de cacería. Trabajo en la fábrica toda la semana y me gusta ir de cacería los sábados. No todos los sábados, sino en la temporada de caza.

María había estado callada hasta este momento cuando interrumpió:

—Y cuando termina la temporada de caza, se va de pesca y, además de eso, no solo caza los sábados. No va al trabajo para irse de cacería.

—Una o dos veces al año dejo de trabajar dos o tres días para ir de cacería a las montañas con algunos amigos. No creo que haya nada malo en eso.

—¿En qué otra cosa no están de acuerdo? —pregunté.

—Bueno, ella quiere que vaya siempre a la iglesia. No me importa ir el domingo por la mañana, pero el domingo por la noche me gusta descansar. Está bien si quiere ir, pero no creo que yo tenga que ir.

Una vez más, María habló:

—En verdad, no quieres que yo vaya tampoco —dijo—. Te molestas cada vez que salgo por la puerta.

Sabía que las cosas no se solucionarían en un día caluroso bajo la sombra de un árbol frente a una iglesia. Como un joven aspirante a consejero, temía que fuera algo demasiado difícil, pero estando preparado para hacer preguntas y escuchar, continué:

—¿En qué otras cosas no están de acuerdo?

Esta vez respondió María:

—Desea que me quede en el hogar todo el día y que trabaje en la casa —dijo—. Se pone furioso si voy a ver a mi madre, voy de compras o algo así.

—No me importa que vaya a ver a su madre —dijo Marcos—, pero cuando llego a casa, me gusta verla limpia. Algunas semanas, no arregla la cama por tres o cuatro días, y la mitad del tiempo ni siquiera ha comenzado a preparar la cena. Yo trabajo mucho y me gusta comer cuando llego a casa. Además de eso, la casa es un desastre —continuó—. Todas las cosas del bebé están tiradas por el piso, el niño está sucio y a mí no me gusta la pocilga. No tenemos muchas cosas y vivimos en una casa pequeña de la fábrica, pero al menos debería estar limpia.

—¿Qué hay de malo si él me ayuda en la casa? —preguntó María—. Se comporta como un esposo que cree que no debe hacer nada en la casa. Todo lo que quiere es trabajar y cazar. Quiere que yo lo haga todo. ¡Hasta quiere que lave el auto!

Pensando que sería mejor comenzar a buscar soluciones antes que continuar buscando más desacuerdos, miré a Marcos y le pregunté:

—Marcos, cuando eran novios, antes de casarse, ¿ibas de cacería todos los sábados?

—La mayoría de los sábados —dijo—, pero siempre regresaba a casa a tiempo para verla el sábado por la noche. La mayor parte de las veces llegaba a casa a tiempo para lavar mi camioneta antes de ir a verla. No me gustaba ir a verla con una camioneta sucia.

—María, ¿qué edad tenías cuando te casaste? —le pregunté.

—Dieciocho años —dijo—. Nos casamos poco después que terminé el instituto. Marcos se graduó un año antes que yo y ya estaba trabajando.

—Durante los últimos años del instituto, ¿con qué frecuencia te visitaba Marcos? —interrogué.

—Venía casi todas las noches —me dijo—. Es más, venía por las tardes y a menudo se quedaba y comía con mi familia. Me ayudaba a hacer los trabajos de la casa y, luego, nos sentábamos y conversábamos hasta la hora de la comida.

—Marcos, ¿qué hacían los dos después de la cena? —pregunté.

Marcos me miró con una tímida sonrisa y dijo:

—Bueno, las cosas que hacen los novios, ya sabe.

—Pero si tenía un trabajo de la escuela —dijo María—, me ayudaba. A veces pasábamos horas en esos trabajos. Yo estaba encargada de la carroza alegórica de Navidad, y me ayudó por tres semanas todas las tardes. Fue hermoso.

Cambié el giro de la conversación y me concentré en el tercer aspecto de su desacuerdo.

—Marcos, cuando eran novios, ¿ibas a la iglesia con María los domingos por la noche?

—Sí, iba —respondió—. Si no iba a la iglesia con ella, no podría verla esa noche. Su padre era estricto en ese sentido.

Pensé que comenzaba a ver alguna luz, pero no estaba seguro de que la vieran Marcos y María. Me volví a María y le pregunté:

—Cuando eras novia de Marcos, ¿qué te convenció de que te amaba en realidad? ¿Qué lo hacía diferente de otros chicos con los que salías?

—La manera en que me ayudaba en todo —dijo—. Estaba ansioso por ayudarme. Ninguno de los otros muchachos expresaron jamás ningún interés en esas cosas, pero parecía natural para Marcos. Hasta me ayudaba a lavar los platos cuando comía en nuestra casa. Era la persona más maravillosa que había conocido, pero después que nos casamos, eso cambió. No me ayudaba en nada.

Volviéndome a Marcos le pregunté:

—¿Por qué crees que hacías todas esas cosas por María y a su lado antes del matrimonio?

—Me parecía natural —dijo—. Es lo que desearía que hicieran por mí si me amaran.

—¿Y por qué crees que dejaste de ayudarla después que se casaron? —le pregunté.

—Bueno, pensé que sería como en mi familia. Papá trabajaba y mamá se encargaba de todas las cosas en la casa. Nunca vi a mi padre limpiar el piso, lavar los platos ni hacer ninguna tarea doméstica. Puesto que mamá no trabajaba fuera de la casa, mantenía todo limpio, cocinaba, lavaba y planchaba. Pensaba que esa era la manera en que tenía que ser.

Esperando que Marcos viera lo que veía yo, le pregunté:

—Marcos, ¿qué le escuchaste decir a María hace un momento cuando le pregunté qué era lo que la había hecho sentirse amada cuando eran novios?

—Ayudarla y hacer las cosas con ella —respondió.

—Entonces, ¿entiendes por qué no se ha sentido amada cuando dejaste de ayudarla con sus cosas? —le pregunté. Marcos asintió con la cabeza. Luego, continué—: Fue normal para ti seguir el modelo de tu padre y tu madre en el matrimonio. Casi todos tenemos esa tendencia, pero tu conducta hacia María tuvo un cambio radical con respecto al noviazgo. Desapareció lo único que le aseguraba tu amor.

—María, ¿qué le escuchaste decir a Marcos cuando le pregunté por qué hizo todas esas cosas para ayudarte cuando eran novios?

—Dijo que era natural para él —replicó.

—Así es —dije—. También dijo que eso es lo que quisiera que alguien hiciera por él si lo amara. Él hacía esas cosas para ti y contigo porque en su mente esa era la manera en que cualquiera muestra amor. Una vez que se casaron y vivieron en su casa, esperaba que hicieras cosas que le demostraran que lo amabas, como mantener limpia la casa, cocinar, etc. En resumen, tendrías que hacer cosas para expresarle tu amor. Cuando no te vio hacer esas cosas, ¿entiendes por qué no se sintió amado?

> **Las peticiones dan** dirección al amor, **pero las demandas detienen el** flujo del amor.

Ahora, María asintió con la cabeza. Continué:

—Pienso que ambos son infelices en el matrimonio porque ninguno de los dos muestra su amor haciendo nada por el otro.

—Creo que tiene razón —dijo María—, y se debe a que dejé de hacer cosas para él porque me ha ofendido su espíritu exigente. Es como si quisiera hacerme igual a su madre.

—Así es —dije—, y a nadie le gusta que lo obliguen a hacer algo. Es más, el amor se da siempre con libertad. No se puede exigir el amor. Podemos pedirnos cosas el uno al otro, pero nunca debemos exigir nada. Las peticiones dan dirección al amor, pero las demandas detienen el flujo del amor.

—María tiene razón, doctor Chapman —dijo Marcos interrumpiendo—. He sido demandante y crítico porque he estado desilusionado de ella como esposa. Sé que he dicho algunas cosas crueles y entiendo por qué está tan enojada conmigo.

—Pienso que las cosas pueden cambiar con bastante facilidad en este momento —le dije. Saqué dos tarjetas de mi bolsillo—. Probemos algo. Quiero que cada uno de ustedes se siente en los escalones de la iglesia y escriba una lista de peticiones. Marcos, quiero que hagas una lista de tres o cuatro cosas que, si María decide hacerlas, te harán sentir amado cuando llegues a la casa por las tardes. Si arreglar la cama es tan importante para ti, escríbelo. María, quisiera que hagas una lista de tres o cuatro cosas que quisieras que Marcos te ayudara a hacer, cosas que, si él decide hacerlas, te ayudarían a saber que te ama. (Me gustan las listas; ayudan a pensar en forma concreta). Después de cinco o seis minutos me entregaron sus listas. La de Marcos decía:

- Arreglar las camas todos los días.
- Tener lavada la cara del bebé cuando llegue a casa.
- Guardar sus zapatos en el armario antes de que llegue a casa.
- Tratar de comenzar a preparar la cena antes de que llegue a casa, así pudiéramos comer a los treinta o cuarenta y cinco minutos después de mi llegada.

Leí la lista en voz alta y le dije a Marcos:

—Entiendo que si María decide hacer estas cuatro cosas, las verás como actos de amor hacia ti.

—Así es —dijo—. Si hace esas cuatro cosas, habrá recorrido un gran trecho en mi cambio de actitud hacia ella.

Entonces, leí la lista de María:

- Deseo que lave el auto todas las semanas en vez de esperar que lo haga yo.
- Deseo que le cambie el pañal al bebé del niño después que llegue a casa en la tarde, sobre todo si estoy haciendo la cena.
- Deseo que pase la aspiradora en la casa una vez a la semana.
- Deseo que corte el césped todas las semanas en el verano y no deje que crezca tanto, lo que me hace sentir avergonzada por mi patio.

—María —le dije—, entiendo que dices que si Marcos acepta hacer estas cuatro cosas, tomarás estas acciones como verdaderas expresiones de amor hacia ti.

—Así es —dijo—. ¡Sería maravilloso si él hiciera esas cosas!

—¿Te parece razonable esta lista, Marcos? ¿Es factible para ti hacer estas cosas?

—Sí —dijo.

—María, ¿las cosas de la lista de Marcos te parecen razonables y factibles? ¿Podrías hacerlas si te decides?

—Sí —dijo—. Puedo hacer esas cosas. En el pasado me he sentido abrumada porque no importaba lo que hiciera, nunca era suficiente.

—Marcos —dije—, entiendo que estoy sugiriendo un cambio de modelo de matrimonio distinto al que tenían tu madre y tu padre.

—¡Ah! —dijo—, ¡mi padre cortaba el césped y lavaba el auto!

—A pesar de eso, no cambiaba los pañales ni limpiaba el piso, ¿verdad?

—Así es —dijo.

—No tienes que hacer esto, ¿entiendes? Si lo haces, sin embargo, será un acto de amor para María.

»Debes entender que no tienes que hacer estas cosas —le dije a María—, pero si quieres expresarle tu amor a Marcos, aquí tienes cuatro maneras que serán significativas para él. Quiero sugerirles que las ensayen por dos meses y vean si ayudan a mejorar la relación. Al final de los dos meses, pueden añadir peticiones adicionales a su lista y comentarlas con el otro. Sin embargo, no deben añadir más de una petición al mes.

—A decir verdad, esto tiene sentido —dijo María.

—Creo que nos ha ayudado —añadió Marcos.

Se tomaron de la mano y se fueron hacia su automóvil. Me dije en voz alta: «Creo que para esto es la iglesia. Pienso que voy a ser feliz siendo consejero». Nunca he olvidado la perspectiva que obtuve bajo ese árbol de paraíso.

Después de años de investigación, me di cuenta que se me presentaba una situación única con Marcos y María. Pocas veces me encuentro con una pareja en la que ambos tengan el mismo lenguaje del amor. Tanto para Marcos como para María, los actos de servicio eran su lenguaje primario del amor. Cientos de personas se pueden identificar ya sea con Marcos o con María, y reconocer que la manera primaria en la que se sienten amados es mediante los actos de servicio por parte de su cónyuge. Poner en su sitio los zapatos, cambiarle el pañal al bebé, lavar los platos o el auto, pasar la aspiradora o cortar el césped le dice mucho a la persona cuyo lenguaje primario del amor es los actos de servicio.

Quizá te preguntes: Si Marcos y María tenían el mismo lenguaje primario del amor, ¿por qué presentaban tantas dificultades? La respuesta radica en el hecho de que los dos hablaban diferentes dialectos. Hacían cosas para el otro, pero no las más importantes. Cuando se vieron obligados a pensar de manera concreta, identificaron con facilidad sus dialectos específicos. Para María era lavar el auto, cambiar los pañales, limpiar el piso y cortar el césped, mientras que para Marcos era arreglar la cama, lavarle la cara al bebé, guardar los zapatos y tener adelantada la cena cuando llegara a casa del trabajo. Cuando empezaron a hablar los dialectos adecuados, comenzó a llenarse su tanque del amor. Puesto que los actos de servicio eran su lenguaje primario del amor, el aprendizaje del lenguaje específico del otro les resultaba bastante fácil.

Antes de dejar a Marcos y María, me gustaría hacer otras tres observaciones. En primer lugar, ilustran con claridad que lo que hacemos el uno por el otro antes del matrimonio no es ninguna indicación de lo que haremos después de la boda. Antes de casarnos, nos arrastra la fuerza de la obsesión del enamoramiento. Después del matrimonio, volvemos a ser las personas que éramos antes de enamorarnos. Nuestras acciones tienen la influencia del modelo de nuestros padres, de nuestra propia personalidad, nuestras percepciones del amor, nuestras emociones, nuestras necesidades y nuestros deseos. Solo una cosa es cierta con relación a nuestro comportamiento: No será el mismo que mostramos cuando estábamos atrapados en el enamoramiento.

> **Lo que hacemos el uno por el otro** antes del matrimonio **no es ninguna indicación de lo que haremos** después de la boda.

Eso me lleva a la segunda verdad que ilustran Marcos y María. El amor es una condición que no se puede forzar. Marcos y María se criticaban el uno al otro sus conductas y no iban a ninguna parte. Una vez que comenzaron a hacerse peticiones más que demandas, su matrimonio empezó a restablecerse. Las críticas y las demandas tienden a dividirnos. Con suficiente crítica, quizá obtengas la aceptación pasiva de tu cónyuge. A lo mejor hace lo que quieres, pero es probable que no sea una expresión de amor. Puedes darle dirección al amor haciendo peticiones: «Quiero que laves el auto, cambies los pañales del bebé, cortes el césped», pero no puedes crear la voluntad de amar. Cada uno de nosotros debe decidir todos los días amar o no amar a nuestro cónyuge. Si decidimos amar, expresémoslo de la manera en que las peticiones de nuestro cónyuge hagan nuestro amor más afectivo de manera emocional.

He aquí una tercera verdad, la cual solo el amante maduro será capaz de escuchar. La crítica de mi cónyuge con relación a mi conducta me da la pista más clara de su lenguaje primario del amor. Las personas tienden a criticar más a su cónyuge en el aspecto en que tienen la más profunda necesidad emocional. Su crítica es una manera ineficaz de pedir amor. Si entendemos eso, quizá nos ayude a procesar su crítica de una manera más productiva. Una esposa puede decirle a su esposo, después de oír una crítica: «Tal parece que es demasiado importante para ti. ¿Podrías explicar por qué es tan crucial?». La crítica a menudo necesita aclaración. Iniciar una conversación puede llegar a convertir la crítica en una petición en lugar de una demanda. La condenación constante de María por la cacería de Marcos no era su expresión de odio por la caza, sino que culpaba a la caza de impedir que Marcos lavara el auto, pasara la aspiradora a la casa y cortara el césped. Cuando Marcos aprendió a llenar la necesidad de amor de María, usando su lenguaje primario del amor, ella fue libre para apoyarlo en sus actividades de caza.

¿Felpudo o amante?

«Le he servido durante veinte años. He sido su sirvienta. He sido su felpudo mientras él no me tenía en cuenta, me maltrataba y me humillaba delante de mis amigos y mi familia. No lo odio. No le deseo ningún mal, pero sí estoy resentida y no quiero seguir viviendo a su lado». Esa esposa ha hecho actos de servicio durante veinte años, pero no han sido expresiones de amor. Se hicieron por temor, culpa y resentimiento.

> **Las personas tienden a** criticar más a su cónyuge **en el aspecto en que** tienen la **más profunda** necesida emocional.

Un felpudo es un objeto inanimado. Puedes limpiarte los pies en él, puedes pisarlo, maltratarlo o lo que quieras. No tiene voluntad propia. Puede ser tu siervo, pero no tu amante. Cuando tratamos a nuestros cónyuges como objetos, obviamos la posibilidad del amor. La manipulación mediante la culpa no es un lenguaje de amor («Si fueras un buen cónyuge, harías esto por mí»). La coerción mediante el miedo es algo ajeno al amor («Hazlo o lo lamentarás»). Ninguna persona debiera ser jamás un felpudo. Es posible que permitamos que nos utilicen, pero nosotros somos, en realidad, criaturas de emoción, pensamientos y deseos. Y tenemos la habilidad de tomar decisiones y actuar. Permitirle a otra persona que nos utilice o nos manipule no es un acto de amor. Es, en sí, un acto de traición. Le permites a esa persona que desarrolle hábitos inhumanos. El amor dice: «Te amo demasiado como para dejar que me trates de esta manera. No es bueno para ti ni para mí».

> **El amor dice:** «Te amo demasiado **como para dejar que me trates de esta manera. No es bueno** para ti ni para mí».

El aprendizaje del lenguaje del amor de los actos de servicio requerirá que algunos de nosotros reexaminemos nuestros estereotipos de los papeles de los esposos y las esposas. Esos cambian, pero los modelos de nuestro pasado pueden permanecer mucho tiempo. Marcos hacía lo que la mayoría de nosotros hacemos con naturalidad. Seguía el modelo del papel de sus padres. Sin embargo, ni siquiera eso lo hacía bien. Su padre lavaba el auto y cortaba el césped. Marcos no lo hacía, pero esa era la imagen mental que tenía de lo que debería hacer un esposo. Sin duda, no se imaginaba pasando la aspiradora al piso ni cambiando los pañales del bebé. Hay que decir a su favor que estuvo dispuesto a romper su estereotipo cuando se dio cuenta lo importante que era para María. Eso es lo que necesitamos hacer todos nosotros si el lenguaje primario del amor de nuestro cónyuge nos pide algo que nos parece inapropiado para nuestro papel.

Debido a los cambios sociológicos de los últimos cuarenta años, ya no hay un estereotipo común de los papeles masculino y femenino en la sociedad estadounidense. Sin embargo, eso no quiere decir que se hayan removido todos los estereotipos. Significa más bien que el *número* de estereotipos se ha multiplicado. Antes de los días de la influencia generalizada de los medios de comunicación, la idea de una persona de lo que debía hacer un esposo o una esposa y cómo debían relacionarse recibía la influencia sobre todo de los padres de uno. Con la penetración de la televisión, el incremento de la movilidad, el desarrollo de la diversidad cultural y la proliferación de las familias con un solo padre, sin embargo, los modelos a menudo tienen la influencia de fuerzas ajenas al hogar. Cualesquiera que sean tus percepciones, de seguro que tu cónyuge percibe los papeles conyugales de una manera diferente a como lo haces tú. Se necesita la disposición de examinar y cambiar los estereotipos a fin de expresar el amor con más eficiencia. Recuerda, no hay recompensas por mantener estereotipos, pero hay tremendos beneficios cuando se suplen las necesidades emocionales de tu cónyuge.

Hace poco una esposa me dijo:

—Dr. Chapman, voy a mandar a todas mis amigas a su conferencia.

—¿Y por qué lo haría? —le pregunté.

—Porque usted ha transformado de manera radical nuestro matrimonio —me contestó—. Antes de la conferencia, Roberto nunca me ayudaba en nada. Ambos empezamos nuestras carreras justo después de la universidad, pero siempre era responsabilidad mía hacerlo todo en la casa. Era como si nunca le hubiera pasado por la cabeza ayudarme en algo. Después de la conferencia, comenzó a preguntarme: "¿Qué puedo hacer esta noche para ayudarte?". Fue asombroso. Al principio, no podía creer que fuera verdad, pero ya se ha mantenido durante tres años.

»Tengo que reconocer que hubo momentos difíciles y hasta graciosos en esas primeras semanas, porque él no sabía hacer nada. La primera vez que lavó la ropa usó blanqueador sin diluir en lugar del detergente normal. Nuestras toallas azules salieron con lunares blancos. Luego, fue la primera vez que usó el triturador de basura. Sonaba extraño y poco después comenzaron a aparecer las burbujas de jabón en el desagüe del fregadero contiguo. Él no sabía lo que estaba pasando hasta que apagué el triturador de basura, metí mi mano dentro y rescaté los restos de una barra nueva de jabón, que ahora solo quedaba la cuarta parte. No obstante, él me estaba amando en mi propio lenguaje y mi tanque se estaba llenando. En la actualidad, él sabe cómo hacer todas las cosas en la casa y siempre me está ayudando. Pasamos mucho más tiempo juntos porque no tengo que trabajar a toda hora. Créame, yo he aprendido su lenguaje y mantengo lleno su tanque.

¿Es así de sencillo?

Sencillo, sí. ¿Fácil? No. Roberto tuvo que trabajar para derribar el estereotipo con el que vivió durante treinta y cinco años. No fue fácil, pero él diría que aprender el lenguaje primario del amor de su cónyuge y decidir hablarlo es determinante en gran medida dentro del clima emocional de un matrimonio. Ahora vayamos al quinto lenguaje del amor.

Muchos actos de servicio incluirán quehaceres domésticos, pero no todos. ¿Cuáles son algunas formas para servir a tu cónyuge que no sean tareas del hogar?

Si el lenguaje del amor de tu cónyuge es
ACTOS DE SERVICIO:

1. Confecciona una lista con todas las peticiones que te ha hecho tu cónyuge durante las últimas semanas. Selecciona una de estas cada semana y cúmplela como una expresión de amor.

2. Imprime tarjetas con lo siguiente:

   «Hoy te mostraré mi amor...». Completa la oración con una de las actividades siguientes: recogiendo el desorden, pagando las cuentas, arreglando algo que lleva roto hace mucho tiempo, limpiando el jardín de malas hierbas. (Puntos extra si es una tarea que se ha postergado).

   Durante un mes, entrégale una nota de amor a tu cónyuge cada tres días que vaya acompañada del acto de servicio.

3. Pídele a tu cónyuge que te haga una lista de diez cosas que le gustaría que hicieras durante el mes siguiente. Luego, pídele a tu cónyuge que las priorice al numerarlas del 1-10, donde la primera es la más importante y la décima es la menos importante. Usa esta lista para planear tu estrategia para un mes de amor. (Prepárate a vivir con un cónyuge feliz).

4. Mientras tu esposo está fuera, pídele a tus hijos que te ayuden con algunos actos de servicio para él. Cuando haga su entrada, únete a los niños para gritar: «¡Sorpresa! ¡Te amamos!». Luego, muéstrale tu acto de servicio.

5. ¿Por cuál acto de servicio siempre te ha criticado tu cónyuge? ¿Por qué no decides ver la crítica como una meta? Tu cónyuge lo identifica como algo que le resulta importante de verdad. Si decides hacerlo como una expresión de amor, es más valioso que miles de rosas.

6. Si las peticiones a tu pareja se perciben como regaños o humillaciones, trata de escribirlas con palabras que le resulten menos ofensivas. Muéstrale esta redacción revisada a tu cónyuge. Por ejemplo: «El patio siempre se ve muy bonito y, en realidad, aprecio tu trabajo. Me gustaría darte las gracias con antelación por cortar el césped esta semana antes que Julia y Benjamín vengan a cenar». Quizá hasta tu esposo responda: «¿Dónde está la cortacésped? ¡Tengo ganas de empezar!». Pruébalo y verás.

7. Realiza un acto de servicio importante como la organización de la oficina en la casa y, después, coloca un letrero que diga: «Para (nombre del cónyuge) con amor», y escribe tu nombre.

8. Si tienes más dinero que tiempo, contrata a alguien para que haga los actos de servicio que sabes que a tu cónyuge le gustaría que hicieras, tales como el trabajo del patio o una limpieza profunda de tu casa una vez al mes.

9. Pídele a tu cónyuge que te diga los actos de servicio diarios que le hablan de veras del amor. Procura insertarlos en tu agenda diaria. Las «pequeñas cosas» significan mucho en realidad.

LOS 5 LENGUAJES DEL AMOR

Palabras de afirmación
Tiempo de calidad
Regalos
Actos de servicio
Toque físico

capítulo 8

Quinto lenguaje del amor:
Toque físico

Durante mucho tiempo hemos sabido que el toque físico es una manera de comunicar amor emocional. Numerosas investigaciones en el campo del desarrollo infantil han llegado a esta conclusión: Los niños que se cargan, abrazan y besan desarrollan una vida emocional más saludable que los que se dejan solos por largo tiempo sin toque físico.

El toque físico es también un poderoso vehículo para la comunicación del amor matrimonial. Tomarse de las manos, besarse, abrazarse y tener relaciones sexuales son maneras de comunicarle amor al cónyuge. Para algunas personas, el toque físico es su lenguaje primario del amor. Sin esta práctica no se sienten amadas. Al tenerlo, sus tanques emocionales se llenan y se sienten seguros en el amor de su cónyuge.

El poder del toque

De los cinco sentidos, el tacto, a diferencia de los otros cuatro, no está limitado a una parte determinada del cuerpo. Los diminutos receptores táctiles están situados por todo el cuerpo.

Cuando se tocan o presionan esos receptores, los nervios llevan esos impulsos al cerebro. El cerebro interpreta esos impulsos y percibimos que lo que nos toca está caliente o frío, duro o suave. Causa dolor o placer. Quizá también lo interpretemos como amoroso u hostil.

Algunas partes del cuerpo son más sensibles que otras. La diferencia se debe al hecho de que los diminutos receptores táctiles no están esparcidos de manera uniforme por el cuerpo, sino dispuestos en grupos. Por esto, la punta de la lengua es sensible en gran medida al toque, mientras que la parte de atrás de los hombros es menos sensible. Las puntas de los dedos y la punta de la nariz son otras partes muy sensibles. Nuestro propósito, sin embargo, no es entender la base neurológica del sentido del tacto, sino más bien su importancia psicológica.

El toque físico puede fomentar o destruir una relación. Puede comunicar odio o amor. Para la persona cuyo lenguaje primario del amor es el toque físico, el mensaje de este modo será mucho más claro que las frases «Te odio» o «Te amo». Una bofetada es perjudicial para cualquier niño, pero es devastadora para un niño cuyo lenguaje primario del amor es el toque físico. Un tierno abrazo le comunica amor a cualquier niño, pero le grita amor al niño cuyo lenguaje primario del amor es el toque físico. Lo mismo sucede con los adultos.

En el matrimonio, el toque de amor puede asumir muchas formas. Puesto que los receptores del tacto están ubicados por todo el cuerpo, prácticamente tocar a tu cónyuge de manera cariñosa en cualquier lugar puede ser una expresión de amor. Eso no significa que todos los toques se crearon iguales. Algunos le producirán más placer a tu cónyuge que otros. Sin lugar a dudas, tu mejor maestro es tu cónyuge. Al fin y al cabo, es la persona a quien quieres amar. Tu cónyuge es quien mejor sabe lo que percibe como un toque amoroso. No insistas en tocarle a tu manera y en tu propio tiempo. Aprende a hablar su dialecto del amor. Quizá tu cónyuge encuentre algunos toques incómodos o irritantes. La insistencia en continuar esos toques es comunicar lo opuesto del amor. Es indicar que no eres sensible a sus **No cometas el error de creer que el toque que a ti te produce placer también le producirá placer a tu cónyuge.** necesidades y que te importa poco sus percepciones de lo que es agradable. No cometas el error de creer que el toque que a ti te produce placer también le producirá placer a tu cónyuge.

Los toques de amor pueden ser explícitos y quizá exijan toda tu atención, como en el caso de un masaje en la espalda o durante el juego sexual que culmina en la relación sexual. Por otro lado, los toques de amor pueden ser implícitos y tal vez solo requieran un momento, como ponerle la mano en el hombro mientras le sirves una taza de café o rozas tu cuerpo con el suyo al pasar por la cocina. Es obvio que los toques explícitos toman más tiempo, no solo en el toque como tal, sino en desarrollar tu comprensión de cómo comunicarle amor a tu cónyuge de esta manera. Si un masaje en la espalda le dice mucho a tu cónyuge, el tiempo, el dinero y la energía que emplees aprendiendo a ser un buen masajista estarán bien invertidos. Si la relación sexual es el dialecto primario de tu cónyuge, la lectura sobre el tema y el análisis del arte de hacer el amor enriquecerán tu expresión del amor.

Los toques implícitos requieren poco tiempo, pero mucha consideración, sobre todo si el toque físico no es tu lenguaje primario del amor y si no creciste en una familia dada al toque físico. Sentarse juntos en el sofá mientras ven su programa de televisión favorito no requiere tiempo adicional, pero pudiera comunicar tu amor de manera muy clara. Tocar a tu cónyuge mientras camina por la habitación donde estás sentado solo requiere un instante. Tocarse el uno al otro cuando se van de la casa y, luego, cuando regresan, solo implica un beso corto o un abrazo, pero le dirá mucho a tu cónyuge.

Una vez que descubras que el toque físico es el lenguaje primario del amor de tu cónyuge, solo estás limitado por tu imaginación en cuanto a las maneras de expresar amor. La aparición de nuevas maneras y lugares para tocar puede ser un desafío apasionante. Si no has sido uno que «toca por debajo de la mesa», quizá descubras que esto le añadirá una chispa cuando cenan fuera. Si no están acostumbrados a tomarse de las manos en público, tal vez encuentres que puedes llenar el tanque emocional del amor de tu cónyuge mientras caminan por el aparcamiento. Si casi nunca se besan en cuanto entran al automóvil, quizá descubras que esto enriquecerá mucho más tus viajes. Es posible que abrazar a tu cónyuge antes de que se vaya de compras no solo exprese amor, sino que la traiga antes a la casa. Prueba nuevos toques en nuevos lugares y permítele a tu cónyuge que te comente si le dio placer o no. Recuerda, tu cónyuge tiene la última palabra. Tú estás aprendiendo a hablar su lenguaje.

El cuerpo es para tocarlo

Todo lo que soy está en mi cuerpo. Tocar mi cuerpo es tocarme a mí. Alejarse de mi cuerpo es distanciarse de mí en el sentido emocional. En nuestra sociedad, estrechar las manos es una manera de comunicarle a otra persona franqueza y cercanía social. Cuando en raras ocasiones un hombre se niega a estrechar la mano de otro, esto transmite el mensaje de que las cosas no están bien en su relación. Todas las sociedades tienen alguna forma de toque físico como medio de saludo social. El hombre estadounidense promedio no se siente cómodo con el abrazo de oso y el beso europeos, pero en Europa eso tiene la misma función que nuestro apretón de manos.

En nuestra sociedad existen maneras apropiadas e inapropiadas para tocar a las personas del sexo opuesto. La reciente atención al acoso sexual ha puesto de manifiesto las maneras inapropiadas. En el matrimonio, sin embargo, lo que es apropiado e inapropiado en cuanto al toque físico lo determina la propia pareja, dentro de ciertas pautas generales. Es evidente que la sociedad considera inapropiado el abuso físico, y se han creado organizaciones sociales para ayudar a la «esposa golpeada» o al «esposo golpeado». Sin duda, nuestros cuerpos son para tocarlos, pero no para maltratarlos.

> **Sin duda, nuestros cuerpos** son para tocarlos, **pero no para** maltratarlos.

Esta era se caracteriza como la era de la libertad sexual. Con esa libertad, hemos demostrado que el matrimonio abierto, donde ambos cónyuges son libres para tener intimidad sexual con otros individuos, es descabellado. A la larga, los que no ponen objeción sobre las bases morales, ponen objeción sobre las bases emocionales. Algo que tiene que ver con nuestra necesidad de intimidad y amor no nos permite darle a nuestro cónyuge tal libertad. El dolor emocional es profundo y la intimidad desaparece cuando nos damos cuenta que nuestro cónyuge se ha involucrado de manera sexual con otra persona. Los archivos de los consejeros están llenos de registros de esposos y esposas que tratan de superar el trauma emocional de un cónyuge infiel. Ese trauma, sin embargo, es complicado para el individuo cuyo lenguaje primario del amor es el toque físico. Lo que anhela de manera profunda, el amor expresado por el toque físico, se le da ahora a otra persona. Su tanque emocional de amor no solo está vacío, sino que ha quedado desbaratado por una explosión. Habrá que hacer reparaciones enormes y profundas para que se suplan esas necesidades emocionales.

La crisis y el toque físico

En momentos de crisis, nos abrazamos unos a otros casi por instinto. ¿Por qué? Porque el toque físico es un poderoso comunicador del amor. En un momento de crisis necesitamos, más que ninguna otra cosa, sentirnos amados. No siempre podemos cambiar las circunstancias, pero podemos sobrevivir si nos sentimos amados.

> **Si el** lenguaje primario **de tu cónyuge es el toque físico** no hay nada más importante **que abrazarle mientras** llora.

Todos los matrimonios pasarán por crisis. La muerte de los padres es inevitable. Los accidentes automovilísticos dejan incapacitados y matan a miles cada año. Las enfermedades no hacen distinción de personas. Las decepciones son parte de la vida. Lo más importante que puedes hacer por tu cónyuge en un momento de crisis es amarle. Si el lenguaje primario de tu cónyuge es el toque físico, no hay nada más importante que abrazarle mientras llora. Puede que tus palabras signifiquen poco, pero tu toque físico le dirá que te interesas. Las crisis brindan una oportunidad única para expresar amor. Los toques tiernos se recordarán mucho después de que pase la crisis. Tu falta de toque físico puede que nunca se olvide.

«Se supone que el matrimonio no sea de esta manera»

Desde mi primera visita a West Palm Beach, Florida, hace muchos años, siempre he recibido con agrado las invitaciones a fin de celebrar seminarios para matrimonios en esa región. Fue en una ocasión así que conocí a Pedro y a Patricia. No eran oriundos de la Florida, pero habían vivido allí por veinte años y consideraban a West Palm Beach como su tierra natal. Mi seminario lo auspiciaba una iglesia local, y mientras conducíamos desde el aeropuerto, el pastor me dijo que Pedro y Patricia habían pedido que me quedara esa noche en su casa. Traté de mostrarme entusiasmado, pero sabía por experiencia que tales peticiones casi siempre significaban una sesión de consejería hasta altas horas de la noche.

Cuando el pastor y yo entramos en la espaciosa y bien decorada casa estilo español, me presentó a Patricia y a Charlie, el gato de la familia. Mirando la casa tuve la impresión de que (a) los negocios de Pedro iban muy bien, (b) su padre le dejó una inmensa herencia, o (c) estaba irremediablemente endeudado. Más tarde descubrí que mi primera corazonada era la acertada. Cuando me mostraron el cuarto de huéspedes, vi que Charlie, el gato, se sentía en su casa, estirado cuán largo era sobre la cama en la que iba a dormir yo. Pensé: *A este gato le va bien.*

Pedro llegó a casa poco después y juntos disfrutamos de un sabroso refrigerio, y acordamos que cenaríamos después del seminario. Varias horas más tarde, mientras cenábamos, me mantuve a la espera por el comienzo de la sesión de consejería. Nunca empezó. En su lugar, descubrí que Pedro y Patricia eran una pareja feliz y saludable. Para un consejero, eso era una rareza. Estaba ansioso por descubrir su secreto, pero estando demasiado cansado y sabiendo que al siguiente día Pedro y Patricia me iban a llevar al aeropuerto, decidí hacer mi investigación cuando me sintiera más lúcido.

Tuve la oportunidad mientras nos dirigíamos al aeropuerto, a cuarenta y cinco minutos de distancia. Pedro y Patricia comenzaron a narrarme su historia. En los primeros años de su matrimonio, tuvieron tremendas dificultades. Crecieron en la misma comunidad, asistieron a la misma iglesia y se graduaron en el mismo instituto. Sus padres tenían estilos de vida y valores similares. Pedro y Patricia disfrutaron mucho de las mismas cosas. A los dos les gustaba el tenis y el paseo en barco, y a menudo hablaban acerca de los muchos intereses que tenían en común. Parecían que tenían todas las similitudes que se suponen que aseguren menos conflictos en el matrimonio. Comenzaron el noviazgo a finales del instituto. Asistían a distintas universidades, pero procuraban verse con frecuencia, y se casaron tres semanas después que él recibió su título en administración de empresas y ella en sociología. Dos meses más tarde, su mudaron a la Florida donde a Pedro le ofrecieron un buen empleo. Estaban a mil seiscientos kilómetros de su pariente más cercano. Podían disfrutar su «luna de miel» para siempre. Los primeros tres meses fueron emocionantes: la mudanza, la búsqueda de un nuevo apartamento y gozando juntos de la vida.

Al cabo de unos seis meses de casados, Patricia comenzó a sentir que Pedro se distanciaba de ella. Trabajaba más horas, y cuando estaba en casa, pasaba un tiempo considerable con la computadora. Cuando al fin le expresó sus sentimientos de que la estaba evitando, Pedro le dijo que no la evitaba, sino que solo trataba de estar al día en su trabajo. Le dijo que no entendía la presión que tenía y lo importante que era que le fuera bien en su primer año en el empleo. Patricia no estaba contenta, pero decidió darle su espacio.

Patricia empezó a entablar amistad con otras esposas que vivían en el mismo complejo de apartamentos. A veces, cuando sabía que Pedro iba a trabajar hasta tarde, se iba de compras con una de sus amigas en vez de ir directamente a casa después de su trabajo. En ocasiones, no estaba en casa cuando llegaba Pedro. Esto lo irritaba en gran medida y la acusaba de ser desconsiderada e irresponsable. Patricia contestaba: «Esto es absurdo. ¿Quién es el irresponsable? Ni siquiera me llamas para decirme cuándo vas a llegar a casa. ¿Cómo puedo estar aquí si ni siquiera sé cuándo vendrás? Y cuando estás aquí, ¡te pasas todo el tiempo con esa estúpida computadora!».

A lo que Pedro respondía de manera escandalosa: «Yo necesito una esposa. ¿No lo entiendes? Eso es todo. *Necesito* una esposa».

Sin embargo, Patricia no entendía. Estaba demasiado confundida. Buscando una respuesta, fue a la biblioteca pública y revisó todos los libros sobre el matrimonio. «Se supone que el matrimonio no sea de esta manera», razonaba. «Tengo que encontrarle una respuesta a nuestra situación». Cuando Pedro entraba al cuarto de la computadora, Patricia tomaba su libro. Es más, a menudo leía hasta la medianoche. En su camino a la cama, Pedro la veía y hacía comentarios sarcásticos como: «Si hubieras leído tanto en la universidad, hubieras sacado las mejores calificaciones». A lo que Patricia respondía: «No estoy en la universidad, sino en el matrimonio, y ahora me contento con calificaciones más bajas». Pedro se iba a la cama sin siquiera mirarla de nuevo.

Al final del primer año, Patricia estaba desesperada. Ya lo había mencionado antes, pero en esta ocasión le dijo con calma a Pedro:

—Voy a buscar un consejero matrimonial. ¿Quieres ir conmigo?

—No necesito un consejero matrimonial —le respondió Pedro—. No tengo tiempo para un consejero matrimonial. No puedo pagar un consejero matrimonial.

—Entonces iré sola —dijo Patricia.

—Muy bien, al fin y al cabo, tú eres la que necesita consejería.

La conversación terminó. Patricia se sintió sola por completo, pero a la semana siguiente hizo una cita con un consejero matrimonial. Después de tres sesiones, el consejero llamó a Pedro y le preguntó si quería venir para conversar acerca de sus perspectivas con relación a su matrimonio. Pedro aceptó y comenzó el proceso de sanidad. Seis meses más tarde, salieron de la oficina del consejero con un nuevo matrimonio.

—¿Qué fue lo que aprendieron en consejería que cambió su matrimonio de esa manera? —les pregunté a Pedro y Patricia.

—En esencia, doctor Chapman —dijo Pedro—, aprendimos a hablar el lenguaje de amor del otro. El consejero no usó ese término, pero mientras usted nos daba la conferencia hoy, las luces se prendieron. Mi mente corrió de nuevo a la experiencia de nuestra consejería y me di cuenta que eso fue justo lo que nos pasó a nosotros. Al final, aprendimos a hablar el lenguaje de amor del otro.

—Entonces, ¿cuál es tu lenguaje del amor, Pedro? —pregunté.

—El toque físico —dijo sin vacilación.

—De seguro que es el toque físico —dijo Patricia.

—¿Y el tuyo, Patricia?

—Tiempo de calidad, doctor Chapman. Es lo que pedía a gritos en esos días cuando pasaba todo su tiempo con su trabajo y con su computadora.

—¿Cómo supiste que el toque físico era el lenguaje del amor de Pedro?

—Me llevó un tiempo —dijo Patricia—. Es lo que iba comprendiendo a través de la consejería. Al principio creo que Pedro ni siquiera se daba cuenta de eso.

—Tiene razón —dijo Pedro—. Estaba tan inseguro en mi propio sentido del valor personal que nunca hubiera podido identificar ni reconocer que la falta del contacto suyo me había separado de ella. Nunca le dije que quería que me acariciara, aun cuando en mi interior ansiaba que llegara y me tocara. En nuestro noviazgo, siempre había tomado la iniciativa de abrazarla, besarla y estrechar sus manos, pero ella siempre había sido muy sensible. Tal vez por sus nuevas responsabilidades en el trabajo estaba demasiado cansada. No sé, pero lo tomé como algo personal. Sentía que no me encontraba atractivo, por lo que decidí no tomar la iniciativa para evitar el rechazo. Así que esperé para ver

«**En una ocasión esperé** seis semanas **antes de que me** tocara».

cuánto tardaría en que me diera un beso, una caricia o tuviéramos una relación sexual. En una ocasión esperé seis semanas antes de que me tocara. Era algo insoportable. Mi alejamiento era para permanecer lejos del dolor que sentía cuando estaba a su lado. Me sentía rechazado, indeseado y falto de amor.

> **«Pasaban semanas** sin que lo **tocara.** No me pasaba **por la mente».**

—No tenía idea de lo que sentía —dijo entonces Patricia—. Sabía que estaba lejos de mí. No nos besábamos ni abrazábamos como lo hacíamos antes, pero suponía que, como estábamos casados, eso ya no era tan importante para él. Sabía que estaba bajo presión por su trabajo. No tenía ni idea que deseaba que yo tomara la iniciativa.

»Pasaban semanas sin que lo tocara. No me pasaba por la mente. Preparaba las comidas, limpiaba la casa, lavaba y trataba de permanecer fuera de su camino. A decir verdad, no sabía qué más podía hacer. No podía entender su alejamiento ni su falta de atención hacia mí. No es que me desagradara tocarlo; solo que eso nunca era importante para mí. Pasar tiempo conmigo es lo que me hacía sentir amada y apreciada, dándome atención. En realidad, no me importaba si me abrazaba o besaba. Mientras me diera su atención, me sentía amada.

»Llevó algún tiempo descubrir la raíz del problema, pero una vez que descubrimos que no estábamos llenando las necesidades de amor del otro, comenzamos a cambiar las cosas. En cuanto tomé la iniciativa en darle el toque físico, fue sorprendente lo que sucedió. Su personalidad y su espíritu cambiaron de manera drástica. Tenía un nuevo esposo. Cuando se convenció de que lo amaba en realidad, empezó a ser más sensible a mis necesidades.

—Bueno —dije—, lo que cuenta no es lo rápido que aprendes, sino lo bien que aprendes esos asuntos. Y es obvio que ustedes aprendieron muy bien.

Pedro es uno de los muchos individuos para quienes el toque físico es el lenguaje primario del amor. En lo emocional, anhelan que su cónyuge llegue y los toque de manera física. Tomarse de las manos, frotarse la espalda, abrazarse, tener relaciones sexuales, todos esos y otros «toques de amor» son el salvavidas emocional de la persona para la que el toque físico es el lenguaje primario del amor.

Recuerda algunos «momentos de toque» no sexual que enriquecieron la intimidad entre ustedes dos. ¿Qué hizo que estos tiempos fueran especiales?

Si el lenguaje del amor de tu cónyuge es
TOQUE FÍSICO:

1. Toma de la mano a tu cónyuge mientras se dirigen del auto al centro comercial.

2. Mientras comen juntos, deja que tu rodilla o pie se desvíe y toca a tu cónyuge.

3. Acércate a tu esposa y dile: «¿Te he dicho últimamente que te amo?». Tómala en tus brazos y abrázala mientras le das un masaje en la espalda y continúa: «¡Tú eres fantástica!». (Resiste la tentación de correr hacia el dormitorio). Libérate y pasa a lo siguiente.

4. Mientras tu esposa está sentada, acércatele por detrás y dale un masaje en los hombros.

5. Cuando se sienten juntos en la iglesia y el ministro llame a la oración, extiende la mano y toma de la mano a tu esposa.

6. Inicia la relación sexual al darle a tu cónyuge un masaje en los pies. Continúa a otras partes del cuerpo, siempre y cuando le dé placer a tu cónyuge.

7. Cuando los visiten la familia o los amigos, toca a tu esposa en su presencia. Rodéale con tu brazo mientras están parados conversando o solo colócale tu mano en el hombro y dile: «Aun con todas esas personas en nuestra casa, todavía te veo».

8. Cuando tu cónyuge llegue a casa, búscale un poco antes de lo acostumbrado y dale una gran bienvenida. El asunto es variar la rutina y darle realce incluso con una pequeña «experiencia de toque».

LOS 5 LENGUAJES DEL AMOR

Palabras de afirmación
Tiempo de calidad
Regalos
Actos de servicio
Toque físico

capítulo 9

Descubre *tu* lenguaje primario *del* amor

E l descubrimiento del lenguaje primario del amor de tu cónyuge es fundamental si quieres mantener lleno su tanque del amor. No obstante, asegúrate primero de que conoces tu propio lenguaje del amor. Al escuchar de los cinco lenguajes emocionales del amor,

PALABRAS DE AFIRMACIÓN

TIEMPO DE CALIDAD

REGALOS

ACTOS DE SERVICIO

TOQUE FÍSICO

algunas personas sabrán al instante cuál es su lenguaje primario del amor y el de su cónyuge. Para otros no será tan fácil. Algunos son como Marcos, quien después de enterarse de los cinco lenguajes del amor emocional, me dijo:

—No sé. Al parecer, dos de ellos son iguales para mí.

—¿Cuáles dos? —pregunté.

—El de "toque físico" y el de las "palabras de afirmación" —respondió Marcos.

—¿Qué es lo que entiendes por "toque físico"?

—Bueno, relaciones sexuales en especial — contestó Marcos.

Traté de averiguar un poco más, preguntando:

—¿Te gusta que tu esposa te pase las manos por el cabello, te frote la espalda, te tome de las manos, que te bese y abrace a veces, aun cuando no tengan relaciones sexuales?

—Todo eso está bien —dijo Marcos—, no voy a rechazarlo, pero lo que importa es la relación sexual. Es así como sé que me ama de verdad.

Dejando el asunto del toque físico por un momento, pensé en las palabras de afirmación y pregunté:

—Cuando dices que las "palabras de afirmación" son también importantes, ¿qué clase de declaraciones encuentras más útiles?

—Casi todo lo que es positivo —replicó—. Cuando me dice lo bien que me veo, lo inteligente que soy, lo buen trabajador que soy, cuando expresa aprecio por lo que hago en la casa, cuando hace comentarios positivos por el tiempo que les doy a los niños, cuando dice que me ama... todas esas cosas significan mucho para mí.

—¿Recibiste esa clase de comentarios de tus padres en tu niñez?

—No muy a menudo —dijo Marcos—. Lo que más recibí de mis padres fueron palabras de críticas o demandantes. Me imagino que a eso se deba que aprecie tanto a Alicia, porque me dio muchas palabras de afirmación.

—Permíteme que te pregunte esto. Si Alicia llenara tus necesidades sexuales, es decir, si tuvieran buenas relaciones sexuales tanto como desearas, pero ella te dijera palabras negativas y te criticara, avergonzándote a veces delante de los demás, ¿crees que te sentirías amado?

—No lo creo —contestó—. Pienso que me sentiría traicionado y muy herido. Creo que me sentiría deprimido.

—Marcos —dije—, creo que acabamos de descubrir que tu lenguaje primario del amor es "palabras de afirmación". Las relaciones sexuales son de suma importancia para ti y para tu sentido de intimidad con Alicia, pero sus palabras de afirmación son más importantes para ti desde el punto de vista emocional. Es más, si te criticara de palabras a cada instante y te humillara delante de otras personas, quizá llegue el momento en el que no desearías tener más relaciones sexuales con Alicia, porque ella sería una constante causa de sufrimiento para ti.

Marcos había cometido el error común de muchos hombres: dar por sentado que el toque físico es su lenguaje primario del amor, puesto que desean con mucha intensidad las relaciones sexuales. Para el varón, el deseo sexual está basado de manera física. Es decir, el deseo de las relaciones sexuales lo estimula la sobreproducción de espermatozoides y el líquido seminal en las vesículas seminales. Cuando las vesículas seminales están llenas, hay una presión física para que se vacíen. Así que el deseo de las relaciones sexuales del varón tiene una raíz física.

Para la mujer, el deseo sexual tiene mucha más influencia de sus emociones. Si se siente amada, admirada y apreciada por su esposo, siente el deseo de estar en intimidad física con él. No obstante, sin la cercanía emocional, quizá tenga poco deseo físico. Su impulso sexual biológico está íntimamente relacionado a su necesidad emocional por amor.

Debido a que las presiones físicas del varón lo impulsan al alivio sexual con regularidad, quizá dé por sentado de forma automática que ese es su lenguaje primario del amor. Con todo, si no disfruta del toque físico en otros momentos y de una manera no sexual, este quizá no sea su lenguaje del amor en absoluto. El deseo sexual es bastante diferente de su necesidad emocional de sentirse amado. Eso no significa que la relación sexual no sea importante para él, es de suma importancia, pero la relación sexual sola no llenará su necesidad de sentirse amado. Su esposa debe hablar también su lenguaje primario del amor.

Es más, cuando su esposa habla su lenguaje primario del amor y su tanque emocional del amor está lleno, el aspecto sexual de su relación funcionará de manera espontánea. La mayoría de los problemas sexuales en el matrimonio tienen poco que ver con la técnica física, pero mucho con la satisfacción de las necesidades emocionales.

Después de la conversación y la reflexión, Marcos dijo:

—Pienso que usted tiene razón. Sin duda, las "palabras de afirmación" son mi lenguaje primario del amor. Cuando Alicia ha sido mordaz y crítica, he querido alejarme de ella sexualmente y tengo fantasías con otras mujeres. Sin embargo, cuando me dice lo mucho que me aprecia y admira, mis deseos sexuales se orientan con naturalidad hacia ella.

Marcos había hecho un descubrimiento importante en nuestra breve conversación.

¿Cómo lo sabes?

¿Cuál es tu lenguaje primario del amor? ¿Qué te hace sentir más amado por tu cónyuge? ¿Cuál es tu mayor deseo? Si las respuestas a estas preguntas no vienen de inmediato a tu mente, quizá sea útil mirar el uso negativo de los lenguajes del amor. ¿Qué es lo que tu cónyuge hace o dice, o deja de hacer o de decir, que te hiere en lo más profundo? Si, por ejemplo, tu más hondo dolor lo causa la crítica o las palabras condenatorias de tu cónyuge, tal vez tu lenguaje primario del amor sea las «palabras de afirmación». Si tu cónyuge usa de manera negativa tu lenguaje primario del amor (es decir, hace lo opuesto), te herirá de manera

> **¿Qué te hace sentir más amado por tu cónyuge? ¿Cuál es tu mayor deseo?**

más profunda de lo que lo haría otra persona, debido a que no solo descuida hablar tu lenguaje primario del amor, sino que en realidad usa ese lenguaje como un cuchillo para tu corazón.

Recuerdo a María en Kitchener, Ontario, que dijo: «Doctor Chapman, lo que más me duele es que Ronald nunca levanta una mano para ayudarme en la casa. Mira televisión mientras yo hago todas las tareas del hogar. No entiendo cómo podría hacer eso si me amara en realidad».

Lo que más le dolía a María no solo era que no la ayudara con las tareas de la casa, sino que ese era su lenguaje primario del amor: «Actos de servicio». Si te lastima de manera profunda que tu cónyuge te dé rara vez algún regalo, tal vez tu lenguaje primario del amor sea recibir «Regalos». Si te hiere mucho que tu cónyuge rara vez te dedique tiempo, ese es tu lenguaje primario del amor.

Otro método para descubrir tu lenguaje primario del amor es el de volver la vista atrás en tu matrimonio y preguntarte: «¿Qué es lo que le pido más a menudo a mi cónyuge?». Lo que más le has pedido quizá sea lo que tenga que ver con tu lenguaje primario del amor. Tu cónyuge ha interpretado esas peticiones como regaños. En realidad, han sido tus esfuerzos para asegurarte el amor emocional de parte de tu cónyuge.

Elizabeth, que vivía en Maryville, Indiana, usó este método para descubrir su lenguaje primario del amor. Al finalizar una sesión de un seminario, me dijo: «Cuando paso revista a estos últimos diez años de matrimonio y me pregunto qué es lo que más le he pedido a Pedro, mi lenguaje del amor salta a la vista. Le he pedido con frecuencia "tiempo de calidad". Una y otra vez le he pedido que fuéramos a un picnic, que pasáramos juntos el fin de semana, que apaguemos el televisor por una hora y conversemos, que demos un paseo, y así por el estilo. Me he sentido descuidada y no amada porque rara vez respondía a mis peticiones. Me daba bonitos regalos en mi cumpleaños y en ocasiones especiales, y me preguntaba por qué no me mostraba emocionada por ellos.

»Durante su seminario», continuó, «las cosas se aclararon para los dos. En el receso, mi esposo me pidió disculpas por haber sido tan difícil durante estos años y tan reacio a mis peticiones. Me ha prometido que las cosas serán diferentes en el futuro, y creo que lo serán».

Otra manera de descubrir tu lenguaje primario del amor es examinando lo que haces o dices para expresarle amor a tu cónyuge. Es posible que lo que haces para él sea lo que quieres que él haga por ti. Si estás haciendo siempre «actos de servicio» para tu cónyuge, tal vez (aunque no siempre) ese sea tu lenguaje del amor. Si las «palabras de afirmación» te expresan amor, es posible que quieras usarlas para manifestarle amor a tu cónyuge. De esa manera, puedes descubrir tu propio lenguaje del amor, preguntando: «¿Cómo expreso de manera consciente mi amor por mi cónyuge?».

Sin embargo, recuerda que ese método es una posible pista para tu lenguaje del amor; no es un indicador absoluto. Por ejemplo, el esposo que aprendió de su padre a expresarle amor a su esposa dándole bonitos regalos, manifiesta su amor a su esposa haciendo lo que hizo su padre, aunque recibir «regalos» no sea su lenguaje primario del amor. Solo hace lo que le enseñó a hacer su padre.

He sugerido tres maneras de descubrir tu propio lenguaje primario del amor:

1. ¿Qué hace tu cónyuge, o deja de hacer, que te hiere de manera más profunda? Es probable que lo contrario a lo que más te hiere sea tu lenguaje del amor.

2. ¿Qué le has pedido con más frecuencia a tu cónyuge? Quizá eso que le has pedido con más frecuencia sea lo que te hace sentir más amado.

3. ¿De qué manera le expresas amor a tu cónyuge casi siempre? Tu costumbre de expresar amor pudiera ser un indicio de lo que también te haría sentirte amado.

Es probable que el uso de esos tres métodos te permita determinar tu lenguaje primario del amor. Si dos lenguajes te parecen iguales, es decir, si ambos te hablan alto, tal vez seas «bilingüe». En ese caso, esto le facilita las cosas a tu cónyuge. Ahora tienes dos alternativas, cualquiera de las dos te comunicará con fuerza su amor.

También es posible que deseen tomar el «Perfil de los cinco lenguajes del amor» que se encuentra en las páginas 195-205. Discute los resultados con tu cónyuge.

Dos clases de personas pueden tener dificultades en descubrir su lenguaje primario del amor. La primera es el individuo cuyo tanque emocional del amor ha estado lleno por algún tiempo. Su cónyuge le ha expresado amor de varias maneras y no tiene la seguridad de cuáles le hacen sentir que le aman más. En realidad, sabe que le aman. La segunda es el individuo cuyo tanque del amor ha estado vacío por algún tiempo y que no recuerda lo que le hace sentir que le aman. En todo caso, sí recuerda la experiencia del enamoramiento y se pregunta: «¿Qué es lo que me gustaba de mi cónyuge en esos días? ¿Qué hacía o decía que me hacía desear estar a su lado?». Si puedes recordar, eso te dará una idea de tu lenguaje primario del amor. Otro método sería preguntarte: «¿Cómo sería un cónyuge ideal para mí? Si pudiera tener la pareja perfecta, ¿cómo debería ser?». Tu imagen de una pareja perfecta te debe dar una idea de tu lenguaje primario del amor.

Después de todo lo anterior, te sugiero que realices el siguiente

Tu imagen de una pareja perfecta **te debe dar una idea de tu** lenguaje primario del amor.

juego tres veces a la semana durante tres semanas. El juego se llama: «Revisión del tanque», y se juega así: Cuando llegas a casa, uno de ustedes le dice al otro: «En una escala de cero a diez, ¿cómo está tu tanque del amor esta noche?». Cero significa vacío, y diez significa «Estoy lleno de amor y no puedo más». Tú lees tu propio tanque del amor (10, 9, 8, 7, 6, 5, 4, 3, 2, 1 o 0), indicando cuán lleno está. Tu cónyuge dice: «¿Qué podría hacer para llenarlo?».

Entonces, haces una sugerencia, algo que quisieras que tu cónyuge hiciera o dijera esa noche. Él responderá a tu petición de la mejor manera. Luego, repite el proceso en el sentido contrario, para que los dos tengan la oportunidad de «verificar» el estado de su tanque del amor, y hacer una sugerencia para llenarlo. Si practicas el juego por tres semanas, quedarás encantado y será una manera divertida de estimular las expresiones de amor en tu matrimonio.

—No me gusta ese juego del tanque del amor —me dijo un esposo—. Lo jugué con mi esposa. Llegué a casa y le dije: "En una escala de cero a diez, ¿cómo está tu tanque del amor esta noche?". Ella dijo: "Como en siete". Entonces le pregunté: "¿Qué podría hacer para llenarlo?". Ella me dijo: "Lo mejor que podrías hacer por mí esta noche es lavar la ropa". Le dije: "¿Amor y lavado? No entiendo".

—Ese es el problema —le dije entonces—. Tal vez no entiendas el lenguaje del amor de tu esposa. ¿Cuál es tu lenguaje primario del amor?

«Lavaré la ropa todas las noches **si eso la hace sentir** bien».

—Toque físico —me contestó sin vacilar—, en especial la parte sexual del matrimonio.

—Escúchame con mucha atención —le dije—. El amor que sientes cuando tu esposa te expresa amor mediante el toque físico es el mismo amor que tu esposa siente cuando lavas la ropa.

—Iré a lavar —gritó—. Lavaré la ropa todas las noches si eso la hace sentir bien.

A propósito, si todavía no has descubierto tu lenguaje primario del amor, anota los resultados del juego de revisión del tanque. Cuando tu cónyuge diga: «¿Qué podría hacer para llenar tu tanque?», es probable que sus sugerencias se agrupen en torno a su lenguaje primario del amor. Tú puedes pedir cosas de los cinco lenguajes de amor, pero la mayoría de tus peticiones se centrarán en tu lenguaje primario del amor.

Tal vez alguno de ustedes piense lo que Raimundo y Elena me dijeron en Zion, Illinois: «Doctor Chapman, todo eso parece excelente y maravilloso, ¿pero qué pasa si el lenguaje del amor de su cónyuge es algo que no le surge con naturalidad?».

Discutiremos mi respuesta en el capítulo 10.

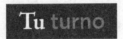

¿Crees que por ahora tienes un buen sentido del lenguaje del amor de tu cónyuge? ¿Qué te parece a ti? ¿Qué más podrías hacer a fin de explorar esto?

Si tu tanque del amor está vacío por completo o muy lleno, ya sea que conozcas o no tu lenguaje del amor, realiza el juego de la revisión del tanque por el siguiente mes. Pide una lectura de 0 a 10 tres noches a la semana y, luego, acepta las sugerencias de tu cónyuge a fin de que se le eleve ese número. Si tu cónyuge está en 10 con regularidad, puedes felicitarte... pero no dejes de amar.

LOS 5 LENGUAJES DEL AMOR

Palabras de afirmación
Tiempo de calidad
Regalos
Actos de servicio
Toque físico

capítulo 10

El amor *es una* decisión

¿Cómo podemos hablar el lenguaje del amor del otro cuando estamos llenos de heridas, enojo y resentimientos por los errores del pasado? La respuesta a esa pregunta está en la esencia de la naturaleza humana. Somos criaturas que deciden. Eso significa que tenemos la capacidad de tomar malas decisiones, algo que todos hemos hecho. Hemos dicho palabras duras y hemos hecho cosas que hieren. No nos sentimos orgullosos de esas decisiones, aunque en su momento parecieron justificadas. Las malas decisiones del pasado no significan que debemos repetirlas en el futuro. En cambio, podemos decir: «Lo siento. Sé que te hice daño, pero quisiera cambiar el futuro. Quisiera amarte en tu propio lenguaje. Quisiera satisfacer tus necesidades». He visto matrimonios al borde del divorcio que salen a flote cuando las parejas deciden amar.

El amor no borra el pasado, pero hace que el futuro sea diferente. Cuando decidimos mostrar expresiones activas del amor en el lenguaje primario del amor de nuestro cónyuge, creamos un clima emocional en el que podemos lidiar con nuestros conflictos y fracasos del pasado.

«Ya no la amo»

Benjamín estaba en mi oficina sin mostrar emoción alguna y, al parecer, insensible. No vino por su propia iniciativa, sino a petición mía. Una semana antes, su esposa Rebeca estuvo sentada en la misma silla llorando sin control. En medio de sus lágrimas trató de contar que Benjamín le había dicho que ya no la amaba y que se iba. Estaba destrozada.

Cuando recuperó su compostura, me dijo: «Los dos hemos trabajado muchísimo en los últimos dos o tres años. Sabía que no pasábamos mucho tiempo juntos como antes, pero pensaba que trabajábamos por una meta en común. No puedo creer lo que está diciendo. Siempre ha sido una persona bondadosa y amable. Asimismo, es un padre bueno para nuestros hijos». Continuó: «¿Cómo podría hacernos esto?».

Escuché cómo describía sus doce años de matrimonio. Era una historia que había escuchado muchas veces antes. Tuvieron un noviazgo emocionante, se casaron cuando más enamorados estaban, tuvieron los ajustes típicos al principio del matrimonio y perseguían el sueño americano. A su debido tiempo, descendieron de la cúspide emocional de su enamoramiento, pero no aprendieron a hablar lo suficiente el lenguaje del amor del otro. Rebeca había vivido con un tanque del amor a medio llenar en los últimos años, pero había recibido bastantes expresiones de amor que le hicieron pensar que todo estaba bien. Sin embargo, el tanque del amor de Benjamín estaba vacío.

Le dije a Rebeca que vería si lograba que Benjamín conversara conmigo. Por teléfono le dije: «Como sabes, Rebeca vino a verme y me contó acerca de sus dificultades con lo que está pasando en el matrimonio. Deseo ayudarla, pero para hacerlo, necesito saber lo que piensas».

Benjamín accedió de buena gana, y ahora está sentado en mi oficina. Su apariencia externa estaba en marcado contraste con la de Rebeca. Ella había llorado muchísimo, pero él estaba sereno. Tuve la impresión, sin embargo, que sus lágrimas las derramó quizá semanas o meses antes y que fue un llanto interno. La historia de Benjamín confirmó mi corazonada.

«Ya no la amo», dijo. «La he amado por mucho tiempo. No quiero herirla, pero no hay cercanía. Nuestra relación es vacía. Ya no disfruto estar a su lado. No sé lo que pasó, quisiera que fuera diferente, pero ya no siento nada hacia ella».

Benjamín pensaba y sentía lo que cientos de miles de esposos han pensado y sentido a través de los años. Es la mentalidad de «Ya no la amo» lo que les da a los hombres la libertad emocional para buscar el amor de otra persona. Lo mismo es cierto para las esposas que usan similar excusa.

Simpaticé con Benjamín, pues tuve esa experiencia. Miles de esposos y esposas han pasado por lo mismo, donde están vacíos en lo emocional, deseando hacer lo apropiado, no queriendo herir a nadie, pero viéndose presionado por la necesidad de buscar amor fuera del matrimonio. Por fortuna, descubrí en los primeros años de mi propio matrimonio la diferencia entre la experiencia del enamoramiento y la necesidad emocional de sentirse amado. La mayoría en nuestra sociedad no ha aprendido esa diferencia.

La experiencia del enamoramiento que analizamos en el capítulo 3 está en el nivel del instinto. No es premeditada, solo sucede en el contexto normal de las relaciones hombre-mujer. Se puede fomentar o apagar, pero no surge mediante elección consciente. Es de corta duración (casi siempre dos años o menos) y parece que tiene para la humanidad la misma función del graznido de apareamiento del ganso canadiense.

La experiencia del enamoramiento suple de manera temporal nuestra necesidad emocional de amor. Nos da la sensación de que alguien se interesa, nos admira y aprecia. Nuestras emociones se disparan con la idea de que otra persona nos ve como lo más importante, que está dispuesta a dedicarle de manera exclusiva tiempo y energía a nuestra relación. Por un breve período, no importa cuánto dure, se suple nuestra necesidad emocional por el amor. Nuestro tanque está lleno; podemos conquistar el mundo. Nada es imposible. Para muchos, es la primera vez que han vivido con un tanque emocional lleno y la sensación es de euforia.

Con el tiempo, sin embargo, descendemos de ese bienestar y volvemos al mundo real. Si nuestro cónyuge ha aprendido nuestro lenguaje primario del amor, nuestra necesidad de amor seguirá satisfecha. Si, por otro lado, no habla nuestro lenguaje del amor, nuestro tanque se vaciará poco a poco y ya no nos sentiremos amados. Sin duda, la satisfacción de esa necesidad en nuestro cónyuge es una decisión. Si aprendo el lenguaje emocional del amor de mi cónyuge y lo hablo con frecuencia, de seguro que seguirá sintiéndose amado. Cuando descienda de la obsesión del enamoramiento, es difícil que la extrañe siquiera porque su tanque del amor emocional continuará lleno. No obstante, si no aprendo su lenguaje primario del amor o decido no hablarlo, cuando descienda de las alturas emocionales, nuestro cónyuge tendrá los anhelos naturales de las alturas emocionales insatisfechas. Al cabo de algunos años de vivir con un tanque del amor vacío, es probable que se «enamore» de otra persona y el ciclo comience de nuevo.

La satisfacción de la necesidad de amor de mi esposa es una decisión que tomo cada día. Si sé cuál es su lenguaje primario del amor y decido hablarlo, se satisfarán sus necesidades más profundas y se sentirá segura de mi amor. Si ella hace lo mismo por mí, mis necesidades emocionales se satisfarán y ambos viviremos con un tanque lleno. En un estado de contentamiento

> **La satisfacción de la necesidad** de amor **de mi esposa** es una decisión **que tomo cada día.**

emocional, ambos mantendremos nuestras energías creativas para muchos proyectos interesantes fuera del matrimonio, mientras mantenemos nuestro matrimonio emocionante y floreciente.

Con todo eso en mi mente, volví a mirar el rostro impasible de Benjamín y me preguntaba si podría ayudarlo. Sabía en mi corazón que era probable que ya estuviera involucrado en otra experiencia de enamoramiento. Me preguntaba si estaba en el comienzo de las etapas o en su punto culminante. Pocos hombres, sufriendo de un tanque del amor emocional vacío, dejan su matrimonio si no tienen ya una candidata que satisfaga esa necesidad en otra parte.

Benjamín era sincero y reveló que ya había estado enamorado de alguien por varios meses. Había esperado que esos sentimientos se fueran y que pudiera arreglar su situación con su esposa. Sin embargo, las cosas en el hogar habían empeorado y su amor por la otra mujer había aumentado. Ya no podía imaginarse la vida sin su nueva amante.

Comprendía el dilema de Benjamín. A decir verdad, no quería herir a su esposa ni a sus hijos, pero al mismo tiempo, sentía que se merecía una vida de felicidad. Le declaré las deprimentes estadísticas sobre los segundos matrimonios. Él se sorprendió al escuchar eso, pero tenía la certeza de que lo lograría contra todo pronóstico. Le comenté acerca de la investigación sobre los efectos del divorcio en los niños, pero estaba convencido que seguiría siendo un buen padre para sus hijos y que ellos superarían el trauma del divorcio. Le hablé a Benjamín acerca de los asuntos en este libro y le aclaré la diferencia entre la experiencia del enamoramiento y la profunda necesidad emocional de sentirse amado. Le expliqué los cinco lenguajes del amor y lo desafié a darle otra oportunidad a su matrimonio. A la misma vez, sabía que mi método intelectual y razonado para el matrimonio comparado con la intensidad emocional que Benjamín experimentaba era como si una pistola de juguete midiera fuerzas contra un arma automática. Me expresó agradecimiento por mi preocupación y me pidió que hiciera todo lo posible por ayudar a Rebeca. Sin embargo, declaró que no veía ninguna esperanza para el matrimonio.

Un mes más tarde, recibí una llamada de Benjamín. Me dijo que le gustaría hablar conmigo otra vez. Esta vez, cuando entró a mi oficina, estaba visiblemente perturbado. No era el hombre calmado y frío que vi antes. Su amante había descendido de la altura emocional del enamoramiento y ahora veía en Benjamín cosas que no le gustaban. Se había alejado de la relación y él estaba destrozado. Con los ojos llenos de lágrimas me dijo lo mucho que ella significaba para él y lo insoportable que era sentir su rechazo.

Lo escuché con compasión por una hora, antes de que me pidiera mi consejo. Le dije cuánto sentía su dolor y le hice notar que lo que estaba experimentando era el sufrimiento natural de una pérdida, y que la aflicción no desaparecería de la noche a la mañana. Le expliqué, sin embargo, que la experiencia era inevitable. Le recordé la naturaleza temporal de la experiencia del enamoramiento que, tarde o temprano, siempre nos bajaba de las nubes hacia el mundo real. Algunos dejan de amar antes del matrimonio; otros, después del matrimonio. Benjamín entendió que era mejor ahora que después.

Después de un rato, le sugerí que quizá la crisis fuera un buen tiempo para que él y su esposa recibieran alguna consejería matrimonial. Le recordé esa verdad de que el amor emocional que perdura es una decisión y que el amor emocional podía renacer en su matrimonio si él y su esposa aprendían a amarse el uno al otro en los verdaderos lenguajes del amor. Aceptó la consejería matrimonial; y nueve meses más tarde, Benjamín y Rebeca salieron de mi oficina con un matrimonio renacido. Cuando vi a Benjamín tres años después, me dijo que tenía un matrimonio maravilloso y me dio las gracias por ayudarle en un tiempo crucial de su vida. Me contó que hacía más de dos años que desapareció el dolor por la pérdida de su amante. Sonrió y dijo: «Mi tanque nunca ha estado tan lleno, y Rebeca es la mujer más feliz que haya conocido alguna vez».

> Casi nunca **dos personas se enamoran** el mismo día, **y casi nunca se** desenamoran **en el mismo día.**

Por fortuna, Benjamín fue el benefactor de lo que llamo el desequilibrio de la experiencia del enamoramiento. Es decir, casi nunca dos personas se enamoran el mismo día, y casi nunca se desenamoran en el mismo día. No tienes que ser un sociólogo para descubrir esa verdad. Solo escuchen las canciones románticas. La amante de Benjamín dejó de quererlo en un momento oportuno.

Acciones y emociones

En los nueve meses que aconsejé a Benjamín y a Rebeca, superamos numerosos conflictos que no habían resuelto nunca antes. Sin embargo, la clave para el renacimiento de su matrimonio fue que ambos descubrieran sus lenguajes primarios del amor y decidieran hablarlo con frecuencia.

«¿Qué si el lenguaje del amor de tu cónyuge es algo que no viene con naturalidad a ti?» A menudo hago esta pregunta en mis seminarios para matrimonios y mi respuesta es: «¿Y qué?».

El lenguaje del amor de mi esposa es actos de servicio. Una de las cosas que hago por ella con regularidad como un acto de amor es pasar la aspiradora a los pisos. ¿Crees que pasar la aspiradora a los pisos es algo natural para mí? Mi madre acostumbraba hacerme limpiar la casa. Cuando estaba en la secundaria y después en el instituto, no podía ir a jugar pelota los sábados hasta que no terminara de pasar la aspiradora a toda la casa. En esos días me dije: «Cuando salga de aquí, una de las cosas que jamás voy a hacer es pasar la aspiradora a las casas. Me conseguiré una esposa para que haga eso».

No obstante, ahora le paso la aspiradora a nuestra casa, y lo hago con regularidad. Además, solo existe una razón para esto: Amor. Tú no me podrías pagar lo suficiente por pasar la aspiradora a una casa, pero lo hago por amor. Verás, cuando una acción no es algo natural para ti, es una mayor expresión de amor. Mi esposa sabe que cuando le paso la aspiradora a la casa, es nada menos que amor cien por cien puro y sin contaminaciones, ¡y recibo el crédito por todo eso!

Algunos dicen: «Sin embargo, doctor Chapman, eso es diferente. Sé que el lenguaje del amor de mi cónyuge es el toque físico, y no tengo la capacidad para tocar. Nunca vi abrazarse a mi padre y a mi madre. Nunca me abrazaron. A decir verdad, eso no es lo mío. ¿Qué voy a hacer?».

¿Tienes dos manos? ¿Puedes juntarlas? Ahora, imagínate que tienes a tu cónyuge en el medio y la atraes hacia ti. Te apuesto a que si abrazas a tu cónyuge tres mil veces, empezarás a sentirte más cómodo. Entonces, a fin de cuentas, la comodidad no es el asunto. Estamos hablando acerca del amor, y el amor es algo que haces por otra persona, no es algo que haces para ti. Casi todos nosotros hacemos muchas cosas cada día que no nos vienen con «naturalidad». Para algunos de nosotros, eso es levantarnos de la cama en la mañana. Vamos en contra de nuestros sentimientos y salimos de la cama. ¿Por qué? Porque creemos que hay algo que vale la pena hacer ese día. Además, por lo general, antes de que el día termine nos sentimos bien por habernos levantado. Nuestras acciones preceden a nuestras emociones.

> **El amor** es algo que haces **por otra persona, no es algo que** haces para ti.

Lo mismo es cierto con el amor. Descubrimos el lenguaje primario del amor de nuestro cónyuge y decidimos hablarlo sin importar si es natural o no para nosotros. No exigimos tener sentimientos emocionantes ni agradables. Solo decidimos hacerlo por su beneficio. Queremos suplir la necesidad emocional de nuestro cónyuge, y nos ponemos a hablar su lenguaje del amor. Al actuar de ese modo, se llena su tanque emocional del amor y es muy posible que nos corresponda y hable nuestro lenguaje. Cuando lo hace, vuelven nuestras emociones y comienza a llenarse nuestro tanque del amor.

El amor es una decisión. Y cualquier cónyuge puede comenzar el proceso hoy.

Un pensamiento clave aquí es la idea de hablar el lenguaje del amor de nuestro cónyuge ya sea natural o no para nosotros. *¿Por qué crees que esto es tan fundamental para un matrimonio saludable?*

LOS 5 LENGUAJES DEL AMOR

Palabras de afirmación
Tiempo de calidad
Regalos
Actos de servicio
Toque físico

capítulo 11

El amor *es* determinante

El amor no es nuestra única necesidad emocional. Los psicólogos han observado que entre nuestras necesidades básicas están las de seguridad, autoestima y significado. Sin embargo, el amor se relaciona con todas estas.

Si me siento amado por mi esposa, puedo relajarme sabiendo que mi amada no me hará daño. Me siento seguro en su presencia. Puede que tenga ciertas incertidumbres en mi vocación. Tal vez tenga enemigos en otras esferas de mi vida, pero con mi esposa me siento seguro.

Mi sentido de autoestima se alimenta con el hecho de que mi cónyuge me ama. Después de todo, si me ama, debe ser porque soy digno de amor. Es posible que mis padres me transmitieran mensajes negativos o confusos en cuanto a mi valor, pero mi cónyuge me conoce como una persona adulta y me ama. Su amor fomenta mi autoestima.

La necesidad de significado es la fuerza emocional detrás de gran parte de nuestra conducta. El deseo de triunfar es lo que da impulso a la vida. Queremos que nuestras vidas cuenten para alguien. Tenemos nuestra propia idea de lo que quiere decir ser importante, y nos esforzamos al máximo para alcanzar nuestras metas. Sentirse amado por un cónyuge mejora nuestro sentido de significado. Razonamos: *Si alguien me ama, debo ser importante.*

Soy importante porque estoy en la cúspide del orden creado. Tengo la capacidad de pensar en términos abstractos, comunicar mis pensamientos mediante palabras y tomar decisiones. A través de las palabras impresas o grabadas puedo beneficiarme de los pensamientos de otros que me precedieron. Puedo beneficiarme de las experiencias de otros aunque vivieran en diferentes épocas y en diferentes culturas. Experimento la muerte de familiares y amigos, y siento que hay una existencia más allá de lo material. Descubro que, en todas las culturas, la gente cree que hay un mundo espiritual. Mi corazón me dice que es así aun cuando mi mente, educada en la observación científica, plantee preguntas críticas.

Soy importante. La vida tiene sentido. Existe un propósito más alto. Quiero creerlo, pero quizá no me sienta importante hasta que alguien me exprese su amor. Cuando mi cónyuge invierte tiempo, energía y esfuerzo en mí con cariño, creo que soy importante. Sin amor, quizá me pase toda la vida en busca de significado, autoestima y seguridad. Cuando experimento amor, esto influye en todas esas necesidades de manera positiva. Ahora soy libre para desarrollar mi potencial. Estoy más seguro de mi autoestima y puedo dirigir mis esfuerzos hacia fuera, en vez de estar obsesionado con mis propias necesidades. El verdadero amor siempre libera.

> **Quizá no me** sienta importante **hasta que alguien** me exprese **su amor.**

En el contexto del matrimonio, si no nos sentimos amados, nuestras diferencias se agrandan. Llegamos a vernos el uno al otro como una amenaza para nuestra felicidad. Luchamos por la autoestima y el significado, y el matrimonio se convierte en un campo de batalla antes que en un refugio.

El amor no es la respuesta para todo, pero crea un clima de seguridad en el que podemos buscar respuestas a esas cosas que nos molestan. En la seguridad del amor, una pareja puede tratar las diferencias sin condenación. Se pueden resolver los conflictos. Dos personas que son diferentes pueden aprender a vivir juntas en armonía. Descubrimos cómo sacar lo mejor de cada uno. Esas son las recompensas del amor.

«Somos como compañeros de cuarto»

La decisión de amar a tu cónyuge tiene un tremendo potencial. El aprendizaje de su lenguaje primario del amor hace que ese potencial sea una realidad. Al menos eso fue lo que sucedió con Juan y Susana.

Viajaron tres horas para llegar a mi oficina. Era obvio que Juan no quería estar allí. Susana lo persuadió mediante amenazas de dejarlo. (No sugiero este método, pero las personas no siempre conocen mis sugerencias antes de venir a verme). Tenían más de treinta años de casados y nunca antes habían estado en consejería. Susana comenzó la conversación:

—Doctor Chapman, quiero que sepa dos cosas por adelantado. Antes que todo, no tenemos ningún problema económico. Leí en una revista que el dinero es el mayor problema en el matrimonio. Eso no sucede con nosotros. Los dos hemos trabajado todos estos años, la casa está pagada, los automóviles están pagados. No tenemos ningún problema económico. En segundo lugar, quiero que sepa que no discutimos. Oigo a mis amigas hablar sobre las discusiones que tienen todo el tiempo. Nosotros nunca discutimos. No recuerdo cuándo fue la última vez que tuvimos una discusión. Ambos estamos de acuerdo en que las discusiones tienen poco provecho, así que no discutimos.

Como consejero, apreciaba que Susana despejara el camino. Sabía que iba directo al grano. Continuó:

—El problema es que no siento ningún amor de parte de mi esposo. Para nosotros, la vida es una rutina. Nos levantamos en la mañana y vamos a trabajar. En la tarde, él hace sus cosas y yo hago las mías. Por lo general, cenamos juntos, pero no hablamos. Juan ve la televisión mientras comemos. Después de la cena, deambula por el sótano y, luego, se duerme delante del televisor hasta que le digo que es hora de irse a la cama. Ese es nuestro horario los cinco días de la semana. El sábado, juega golf por la mañana, trabaja en el patio por la tarde y vamos a cenar juntos con otra pareja en la noche. Conversa con ellos, pero cuando entramos al auto para volver a casa, termina la conversación. El domingo por la mañana vamos a la iglesia. Y así por el estilo.

»Somos como dos compañeros de cuarto viviendo en la misma casa. No hay nada entre nosotros dos. No siento ningún amor de su parte. No hay cariño, no existe emoción. Es vacío, es muerte. No creo que pueda seguir mucho tiempo así.

En ese momento, Susana estaba llorando. Le entregué un pañuelo de papel y miré a Juan.

—No la entiendo —fue su primer comentario. Después de una breve pausa, continuó—: He hecho todo lo que sé que le demuestra que la amo, en especial durante estos últimos dos o tres años, desde que se ha quejado tanto. Parece que de nada sirve. No importa lo que haga, sigue quejándose de que no se siente amada. No sé qué otra cosa hacer.

Podría decir que Juan estaba frustrado y exasperado. Le pregunté:

—¿Qué has hecho para mostrarle tu amor a Susana?

—Bueno, entre otras cosas —dijo—, llego a casa del trabajo antes que ella, así que comienzo a preparar la cena todas las noches. Es más, quiero que sepa la verdad, tengo la cena casi lista cuando llega a casa cuatro noches a la semana. La quinta noche, salimos a cenar. Le paso la aspiradora a toda la casa porque tiene problemas en la columna. Hago todo el trabajo del patio debido a que es alérgica al polen. Doblo la ropa cuando la saca de la secadora.

Siguió contándome otras cosas que hacía por Susana. Cuando terminó, me pregunté: *¿Qué hace esta mujer?*

—Hago todas esas cosas para demostrarle que la amo —continuó Juan—, pero se sienta allí y le dice a usted lo que me ha estado diciendo a mí durante dos o tres años... que no se siente amada. No sé qué otra cosa hacer por ella.

—Doctor Chapman —me dijo Susana cuando me volví hacia ella—, todas esas cosas son buenas, pero quiero que él se siente y hable conmigo. Jamás hablamos. Juan siempre está haciendo algo. Deseo que se siente en el sofá conmigo y me dé algún tiempo, que me mire, me hable acerca de nosotros, de nuestras vidas.

Susana lloraba de nuevo. Para mí era obvio que su lenguaje primario del amor era «tiempo de calidad». Clamaba por atención. Deseaba que la trataran como una persona, no como un objeto. Las ocupaciones de Juan no suplían su necesidad emocional.

Al conversar más adelante con Juan, descubrí que tampoco se sentía amado, pero que no lo manifestaba. Razonaba: «Si tienes treinta y cinco años de casado, tus cuentas están pagadas y no discutes, ¿qué más puede esperar uno?». Ahí es donde estaba.

—¿Cómo sería una esposa ideal para ti? Si pudieras tener una esposa perfecta, ¿cómo sería?

Cuando le hice esta pregunta, me miró a los ojos por primera vez y preguntó:

—¿Quiere que le diga la verdad?

—Sí —le contesté.

Se incorporó en el sofá y cruzó los brazos sobre el pecho. Una sonrisa apareció en su rostro y dijo:

—He soñado con eso. Una esposa perfecta para mí sería una que llegara a casa por las tardes y me preparara la cena. Yo estaría trabajando en el patio y ella me llamaría para comer. Después de la comida, ella lavaría los platos. Es probable que le ayudara algo, pero ella tendría la responsabilidad. Me cosería los botones que se le caen a mis camisas.

Susana no pudo contenerse más. Se volvió a él y le dijo:

—¡No te creo! ¡Me dijiste que te gustaba cocinar!

—No me importa cocinar —respondió Juan—, pero él me preguntó qué sería lo ideal.

Sin otra palabra, supe cuál era el lenguaje primario del amor de Juan: «Actos de servicio». ¿Por qué crees que Juan hacía todas esas cosas para Susana? Porque ese era su lenguaje del amor. En su mente, esa era la manera en que uno demuestra amor: haciendo cosas por las personas. El problema era que «hacer cosas» no era el lenguaje primario del amor de Susana. En lo emocional, para ella no significaba lo que sí hubiera significado para él si le hubiera hecho esas cosas.

Cuando Juan se dio cuenta lo que necesitaba su esposa en realidad, lo primero que dijo fue:

—¿Por qué alguien no me dijo esto hace treinta años? Podría haber estado *hablando* con ella todas las noches en lugar de hacer todas estas cosas —dijo y se volvió a Susana para decirle—: Por primera vez en mi vida, al fin comprendo lo que quieres expresar cuando me dices "No hablamos". Nunca pude entender eso. Siempre te preguntaba: "¿Dormiste bien?". Pensaba que estábamos hablando, pero ahora comprendo. Tú quieres que nos sentemos juntos, nos miremos el uno al otro y hablemos. Ahora entiendo lo que quieres decir, y ahora sé el porqué es tan importante para ti. Es tu lenguaje emocional del amor, y comenzaremos esta noche. Te daré quince minutos cada noche por el resto de mi vida. Puedes contar con eso.

—Eso sería maravilloso —dijo Susana volviéndose a Juan—, y no me importa prepararte la cena. Tendrá que ser más tarde de lo habitual porque salgo del trabajo después que tú, pero no me importa preparar la cena. Además, me encantaría coserte los botones. Nunca se te caen demasiado lejos para alcanzarlos. Lavaré los platos el resto de mi vida si eso te hace sentir amado.

Susana y Juan regresaron a casa y comenzaron a amarse en los lenguajes de amor apropiados. En menos de dos meses, se fueron a una segunda luna de miel. Después del viaje a las Bahamas, llamaron para contarme sobre el cambio tan radical que tuvo su matrimonio.

¿Puede renacer el amor emocional en un matrimonio? Claro que sí. La clave es aprender el lenguaje primario del amor de tu cónyuge y decidir hablarlo.

¿Qué es lo que tu cónyuge hace para que te sientas más «importante»?
¿Qué haces tú por tu conyuge?

LOS 5 LENGUAJES DEL AMOR

Palabras de afirmación
Tiempo de calidad
Regalos
Actos de servicio
Toque físico

capítulo 12

Ama *lo que* no merece amor

Era un hermoso sábado de septiembre. Mi esposa y yo paseábamos por los jardines Reynolda disfrutando de la flora, parte de la cual se había importado de diferentes partes del mundo. En un inicio, los jardines los cultivó R.J. Reynolds, el magnate del tabaco, como parte de su propiedad rural. Ahora pertenecen al campus de la Universidad de Wake Forest. Acabábamos de pasar el jardín de las rosas cuando me percaté de Ana, una mujer que comencé a aconsejar dos semanas antes, aproximándose a nosotros. Caminaba con la mirada baja hacia el sendero de adoquines y parecía estar en meditaciones profundas. Cuando la saludé, se sorprendió, pero levantó la vista y sonrió. Se la presenté a Karolyn, e intercambiamos cumplidos. Entonces, sin ningún preámbulo, me hizo una de las preguntas más profundas que escuchara jamás: «Doctor Chapman, ¿es posible amar a alguien que se odia?».

Sabía que la pregunta nacía de una herida profunda y merecía una cuidadosa respuesta. También sabía que la vería la semana siguiente para otra cita de consejería, así que le dije: «Ana, esa es una de las preguntas que más invitan a la reflexión de las que haya escuchado jamás. ¿Por qué no hablamos sobre eso la próxima semana?». Aceptó, y Karolyn y yo continuamos nuestro paseo. Sin embargo, la pregunta de Ana no desapareció. Más tarde, mientras nos dirigíamos al hogar, Karolyn y yo la analizamos. Reflexionamos sobre los primeros días de nuestro matrimonio y recordamos que a menudo experimentamos sentimientos de odio. Nuestras palabras condenatorias mutuas nos causaron dolor y, pisándoles los talones al dolor, el enojo. Y el enojo que se almacenó dentro se convirtió en odio.

¿Qué fue lo determinante para nosotros? Los dos sabíamos que era la decisión de amar. Nos habíamos dado cuenta de que si continuaba nuestro patrón de exigencia y condenación, destruiríamos nuestro matrimonio. Por fortuna, durante un período de un año, habíamos aprendido cómo discutir nuestras diferencias sin condenarnos el uno al otro, cómo tomar decisiones sin destruir nuestra unidad, cómo dar sugerencias constructivas sin ser exigentes y, al final, cómo hablar el lenguaje primario del amor del otro. Nuestra decisión de amarnos se tomó en medio de sentimientos negativos mutuos. Cuando comenzamos a hablar el lenguaje primario del amor del otro, cesaron los sentimientos de ira.

Nuestra situación, sin embargo, era diferente a la de Ana. Karolyn y yo estuvimos dispuestos al aprendizaje y al crecimiento. Sabía que ese no era el caso con el esposo de Ana. Me dijo la semana anterior que le había suplicado que fuera a consejería. Le había rogado que leyera un libro o escuchara una conferencia sobre el matrimonio, pero había rechazado todos sus esfuerzos para madurar. Según ella, su actitud era: «Yo no tengo ningún problema. Tú eres la única con problemas». En su parecer, él tenía razón y ella estaba equivocada... tan simple como eso. Los sentimientos de amor de la mujer habían muerto con los años, debido a la constante crítica y condenación de su esposo. Después de diez años de matrimonio, su energía emocional estaba agotada y su autoestima casi destruida. ¿Había esperanza para el matrimonio de Ana? ¿Podría amar a un esposo que no merecía amor? ¿Alguna vez le respondería amándola?

El mayor desafío del amor

Supe que Ana era una persona muy religiosa y que asistía a la iglesia con regularidad. Supuse que quizá su única esperanza para la supervivencia conyugal estaba en su fe. Al siguiente día, con Ana en mente, comencé a leer el relato de Lucas sobre la vida de Cristo. Siempre he admirado los escritos de Lucas porque era un médico que le prestaba atención a los detalles y en el primer siglo escribió una narración ordenada de las enseñanzas y el estilo de vida de Jesús de Nazaret. En lo que muchos han llamado el más grandioso sermón, leí las siguientes palabras, a las que llamo el mayor desafío del amor.

A ustedes que me escuchan les digo: Amen a sus enemigos, hagan bien a quienes los odian, bendigan a quienes los maldicen, oren por quienes los maltratan [...]. Traten a los demás tal y como quieren que ellos los traten a ustedes. ¿Qué mérito tienen ustedes al amar a quienes los aman? Aun los pecadores lo hacen así [4].

Me parecía que ese profundo desafío, escrito hace casi dos mil años, pudiera ser la dirección que buscaba Ana, ¿pero podría cumplirla? ¿Podría alguien hacerlo? ¿Es posible amar a un cónyuge que se ha convertido en tu enemigo? ¿Es posible amar a alguien que te ha maldecido, maltratado y demostrado sentimientos de antipatía y odio? Y si pudiera, ¿habría alguna retribución? ¿Cambiaría alguna vez su

> **Supuse que quizá** su única esperanza **para la supervivencia conyugal estaba** en su fe.

esposo y comenzaría a expresarle amor y consideración? Estaba asombrado por estas otras palabras del sermón de Jesús: «Den, y se les dará: se les echará en el regazo una medida llena, apretada, sacudida y desbordante. Porque con la medida que midan a otros, se les medirá a ustedes»[5].

¿Podría ese principio de amar a una persona desagradable dar resultado en un matrimonio casi destruido como el de Ana? Decidí hacer un experimento. Tomaría como mi hipótesis que si Ana podía aprender el lenguaje primario del amor de su esposo y hablarlo por un tiempo de manera que se supliera su necesidad emocional de amor, con el tiempo él le retribuiría y le expresaría amor también. Me pregunté: *¿Daría resultado?*

> «No sé si alguna vez pueda **amarlo de nuevo después** de todo lo que **me ha hecho»**.

A la semana siguiente, me reuní con Ana y la escuché de nuevo mientras me contaba los horrores de su matrimonio. Al final de su sinopsis, repitió la pregunta que me hizo en los jardines Reynolda. Esta vez la puso en la forma de una afirmación:

—Doctor Chapman, no sé si alguna vez pueda amarlo de nuevo después de todo lo que me ha hecho.

—¿Has hablado de tu situación con alguna de tus amigas? —le pregunté.

—Con dos de mis amigas más íntimas —dijo—, y un poco con algunas otras personas.

—¿Y cuáles fueron sus respuestas?

—Que me fuera —dijo—. Todas me dijeron que me fuera, que él nunca cambiaría, y que lo único que hago es prolongar mi agonía. Sin embargo, doctor Chapman, no puedo hacer eso. Tal vez deba hacerlo, pero no puedo creer que eso sea lo adecuado.

—Me parece que estás atrapada entre tus creencias religiosas y morales, las cuales te dicen que está mal abandonar tu matrimonio, y tu dolor emocional, el cual te dice que abandonarlo es la única manera de sobrevivir —dije.

—Eso es justo lo que sucede, doctor Chapman. Esa es con exactitud la manera en que me siento. No sé qué hacer.

—Me identifico por completo con tu lucha —continué—. Estás en una situación muy difícil. Quisiera poder ofrecerte una respuesta fácil. Es lamentable, pero no puedo. Es probable que las dos alternativas que te mencioné, irte o quedarte, te produzcan mucho dolor. Antes que tomes una decisión, tengo una idea. No estoy seguro de que dará resultado, pero me gustaría intentarlo. Por lo que me has dicho, sé que tu fe religiosa es importante para ti y que respetas mucho las enseñanzas de Jesús.

Ana asintió con la cabeza, así que continué:

—Quiero leerte algo que Jesús dijo una vez, que creo que tiene alguna aplicación para tu matrimonio —le dije y, luego, leí de manera lenta y deliberada:

A ustedes que me escuchan les digo: Amen a sus enemigos, hagan bien a quienes los odian, bendigan a quienes los maldicen, oren por quienes los maltratan [...]. Traten a los demás tal y como quieren que ellos los traten a ustedes. ¿Qué mérito tienen ustedes al amar a quienes los aman? Aun los pecadores lo hacen así.

—¿No se parece a tu esposo? ¿No te ha tratado como a una enemiga antes que como amiga? —inquirí y ella asintió.

—¿Alguna vez te ha maldecido? —le pregunté.

—Muchas veces.

—¿Te ha maltratado en alguna ocasión?

—A menudo.

—¿Y te ha dicho que te odia?

—Sí.

El experimento de seis meses

—Ana, si estás dispuesta, me gustaría hacer un experimento. Me gustaría ver qué pasaría si aplicáramos estos principios a tu matrimonio. Te explicaré lo que quiero decir.

Entonces, le expliqué el concepto del tanque emocional y el hecho de que cuando el tanque está bajo, como el de ella, no sentimos amor hacia nuestro cónyuge, sino solo vacío y dolor. Puesto que el amor es una necesidad emocional profunda, su ausencia quizá sea nuestro más profundo dolor emocional. Le dije que si podía aprender a hablar el lenguaje primario del amor del otro, se podría suplir esa necesidad emocional y crecerían de nuevo los sentimientos positivos.

—¿Tiene algún sentido para ti? —pregunté.

—Doctor Chapman, usted ha descrito mi vida. Nunca antes la he visto tan clara. Estábamos enamorados antes de casarnos, pero poco después nuestro matrimonio se vino abajo y nunca aprendimos a hablar el lenguaje del amor del otro. Mi tanque ha estado vacío por años y estoy segura de que el suyo también. Si hubiera entendido este concepto antes, tal vez nada de esto habría pasado.

—No podemos volver atrás, Ana —le dije—. Todo lo que podemos hacer es tratar de forjar un futuro diferente. Me gustaría proponer un experimento de seis meses.

—Probaré cualquier cosa —dijo Ana.

Me gustó su espíritu positivo, pero no estaba seguro si había entendido lo difícil que sería el experimento.

—Comencemos por indicar nuestro objetivo —dije—. Si en seis meses pudieras lograr tu más profundo deseo, ¿cuál sería?

Ana guardó silencio por un rato. Entonces, dijo con toda convicción:

—Me gustaría ver que Gabriel me ama de nuevo y lo expresara pasando tiempo conmigo. Me gustaría vernos haciendo cosas juntos, yendo a lugares juntos. Me gustaría sentir que está interesado en mi mundo. Me gustaría vernos conversando cuando salimos a comer. Me gustaría que me escuchara. Me gustaría sentir que valora mis ideas. Me gustaría vernos viajando juntos y divirtiéndonos de nuevo. Me gustaría saber que valora nuestro matrimonio más que cualquier cosa.

Ana hizo una pausa y, luego, continuó:

—Por mi parte, me gustaría sentir cariño y tener sentimientos positivos hacia él otra vez. Me gustaría volver a respetarlo. Me gustaría estar orgullosa de él. Ahora mismo, no tengo esos sentimientos.

Mientras Ana hablaba, yo escribía. Cuando terminó, leí en voz alta lo que dijo.

—Eso parece un objetivo muy noble —le dije—, ¿pero eso es lo que quieres en realidad, Ana?

—En estos momentos, eso parece un objetivo imposible —respondió Ana—, pero más que otra cosa, eso es lo que me gustaría ver.

—Entonces, acordemos —dije—, que este será nuestro objetivo. En seis meses, queremos ver que Gabriel y tú tengan esta clase de relación amorosa.

»Ahora bien, permíteme sugerir una hipótesis. El propósito de nuestro experimento es probar si mi hipótesis es verdadera o no. Supongamos que si pudieras hablar el lenguaje primario del amor de Gabriel en forma constante por un período de seis meses, de alguna manera eso comenzaría a satisfacer su necesidad emocional de amor; y con su tanque del amor lleno, empezaría a corresponderte con amor. Esa hipótesis se basa en la idea de que la necesidad emocional por amor es nuestra más profunda necesidad emocional; y cuando se satisface esa necesidad, tendemos a responderle de manera positiva a la persona que la está supliendo.

»Como verás, esa hipótesis pone toda la iniciativa en tus manos —continué—. Gabriel no está tratando de arreglar las cosas en este matrimonio. Eres tú. Esta hipótesis dice que si tú puedes canalizar tus energías por la dirección adecuada, hay una buena posibilidad de que Gabriel te corresponda a la larga.

Leí la otra porción de Jesús relatada por Lucas, el médico:

—"Den, y se les dará: se les echará en el regazo una medida llena, apretada, sacudida y desbordante. Porque con la medida que midan a otros, se les medirá a ustedes".

»Según entiendo, Jesús está estableciendo un principio, no una manera de manipular a las personas. En términos generales, si somos amables y cariñosos con las personas, ellas tenderán a ser amables y cariñosas con nosotros. Eso no significa que podamos hacer bondadosa a una persona solo con ser bondadosos con ella. Somos agentes independientes. Por lo tanto, podemos desdeñar el amor y alejarnos del amor, o incluso escupirle la cara al amor. No hay garantía de que Gabriel responderá a tus actos de amor. Solo podemos decir que hay una buena posibilidad de que lo haga. (Un consejero nunca puede prever con absoluta certeza la conducta humana individual. Basado en investigaciones y estudios personales, un consejero solo puede prever cómo es probable que responda una persona en una situación dada).

Una vez que convinimos en la hipótesis, le dije a Ana:

—Ahora analicemos el lenguaje primario de tu amor y el de Gabriel. Por lo que ya me dijiste, supongo que el tiempo de calidad es tu lenguaje primario del amor. ¿Qué piensas?

—Creo que es así, doctor Chapman. Al principio, cuando pasábamos juntos mucho tiempo y Gabriel me escuchaba, hablábamos por horas y hacíamos juntos muchas cosas. Me sentía amada en verdad. Deseo más que cualquier cosa que vuelva esa parte de nuestro matrimonio. Cuando pasamos tiempo juntos, siento que me ama en realidad, pero cuando está siempre haciendo otras cosas y nunca tiene tiempo para conversar ni para hacer nada conmigo, siento que los negocios y las otras cosas son más importantes que nuestra relación.

—¿Y cuál crees que sea el lenguaje primario del amor de Gabriel? —pregunté.

—Pienso que es el toque físico y, en especial, la parte sexual del matrimonio. Sé que cuando me sentía más amada y estábamos más activos en lo sexual, él tenía una actitud diferente. Creo que ese es su lenguaje primario del amor.

—¿Alguna vez se ha quejado por la manera en que le hablas?

—Bueno, dice que lo regaño todo el tiempo. También dice que no lo apoyo, que siempre estoy en contra de sus ideas.

—Entonces, supongamos que el "toque físico" es su lenguaje primario del amor, y que las "palabras de afirmación" es su lenguaje secundario del amor. La razón por la que te sugiero el segundo es porque si se queja de tus palabras negativas, tal parece que las positivas le resultarían más significativas.

»Ahora bien, te sugiero un plan para probar nuestra hipótesis. ¿Qué pasaría si vas a tu casa y le dices estas cosas a Gabriel? "He pensado en nosotros y quiero ser una mejor esposa para ti. Así que si tienes algunas sugerencias sobre cómo podría ser una mejor esposa, quiero que sepas que estoy lista para escucharlas. Puedes decírmelas ahora o pensar en eso y decirme lo que piensas, pero de veras me gustaría esforzarme por ser una mejor esposa". Cualquiera que sea su respuesta, negativa o positiva, solo acéptala como información. La declaración inicial le permite saber que algo diferente está a punto de suceder en su relación.

»Entonces, basada en tu suposición de que su lenguaje primario del amor es el "toque físico" y mi sugerencia de que su lenguaje secundario del amor quizá sea "palabras de afirmación", enfoca tu atención en esas dos esferas por un mes.

»Si Gabriel regresa con una sugerencia de cómo podrías ser una mejor esposa, acepta esa información e insértala poco a poco en tu plan. Busca las cosas positivas en la vida de Gabriel y dale una afirmación verbal acerca de esas cosas. Mientras tanto, deja de quejarte. Si quieres quejarte por algo, escríbelo en tu cuaderno personal y no le digas nada a Gabriel este mes.

»Comienza a tener más iniciativa en el toque físico y la participación en las relaciones sexuales. Sorpréndelo siendo más dinámica, no solo respondiendo a sus avances. Establece la meta de tener relaciones sexuales por lo menos una vez a la semana las primeras dos semanas y después dos veces en las siguientes dos semanas.

Ana me había comentado que Gabriel y ella solo tuvieron una o dos veces relaciones sexuales en los pasados seis meses. Pensé que este plan sacaría las cosas del punto muerto con bastante rapidez.

—Ay, doctor Chapman, eso va a ser difícil —dijo Ana—. Me resulta difícil ser sexualmente sensible cuando me pasa por alto todo el tiempo. Me he sentido usada en lugar de amada en nuestros encuentros sexuales. Actúa como si yo no tuviera ninguna importancia todo el resto del tiempo y, luego, quiere saltar a la cama y usar mi cuerpo. Eso me ha ofendido y supongo que por eso no hemos tenido relaciones con mucha frecuencia en los últimos años.

—Tu reacción ha sido natural y normal —le aseguré a Ana—. Para casi todas las esposas, el deseo de tener intimidad sexual con sus esposos es producto de sentirse amadas. Si se sienten amadas, desean la intimidad sexual. Si no se sienten amadas, es probable que se sientan usadas en el contexto sexual. Por eso es que amar a alguien que no nos ama es muy difícil. Va en contra de nuestras tendencias naturales. Es probable que tengas que depender en gran medida de tu fe en Dios para hacer esto. Quizá te ayude si lees de nuevo el sermón de Jesús sobre amar a tus enemigos, amar a esos que te odian, amar a esos que te utilizan. Luego, pídele a Dios que te ayude a practicar las enseñanzas de Jesús.

Podría decir que Ana estaba de acuerdo con todo lo que le decía. Incluso, asentía ligeramente con la cabeza. Sus ojos me decían que tenía muchísimas preguntas.

—Sin embargo, doctor Chapman, ¿acaso no es hipocresía expresar el amor de manera sexual cuando tienes tales sentimientos negativos hacia la persona?

—Tal vez nos ayudaría distinguir entre el amor como un sentimiento y el amor como una acción —dije—. Si afirmas que tienes sentimientos inexistentes, es hipocresía, y esa falsa comunicación no es la manera de forjar relaciones íntimas. No obstante, si expresas un acto de amor en beneficio o agrado de la otra persona, es solo una decisión. No alegas que la acción sea el resultado de un compromiso emocional profundo. Solo decides hacer algo en beneficio del otro. Creo que eso debe ser lo que quiso decir Jesús.

»Sin duda, no tenemos sentimientos de amor hacia las personas que nos odian. Eso sería anormal, pero podemos hacerles actos de amor. Esa es una simple decisión. Esperamos que tales actos de amor tengan un efecto positivo en sus actitudes, comportamiento y su trato, por lo menos decidimos hacer algo positivo en su favor.

Mi respuesta pareció satisfacer a Ana, al menos por el momento. Tuve la sensación de que hablaríamos de eso otra vez. También tuve la sensación de que si el experimento daba resultado, sería por la profunda fe en Dios de Ana.

—Después del primer mes —dije—, quiero que le preguntes a Gabriel cómo te estás desempeñando. Con tus propias palabras, pregúntale: "Gabriel, ¿recuerdas que hace unas semanas te dije que iba a tratar de ser una mejor esposa? Quiero preguntarte si piensas que estoy lográndolo".

»Cualquier cosa que Gabriel diga, acéptalo como información. Quizá sea sarcástico, impertinente u hostil, o tal vez sea positivo.

Cualquiera que sea su respuesta, no discutas, sino acéptala, y asegúrale que estás hablando en serio, que en verdad quieres ser una mejor esposa y que si tiene sugerencias adicionales, estás lista para escucharlas.

»Sigue este patrón de pedirle su opinión una vez al mes por seis meses. Cuando Gabriel te dé la primera opinión positiva, cuando te diga: "Tengo que admitir que cuando me dijiste que procurarías ser mejor, me reí mucho, pero veo que las cosas han cambiado", sabrás que tus esfuerzos influyen en él de manera emocional. Una semana después que recibas la primera opinión positiva, quiero que le hagas una petición, algo que quisieras que haga, algo que tenga que ver con tu lenguaje primario del amor. Por ejemplo, puedes decirle una noche: "Gabriel, ¿sabes algo que me gustaría hacer? ¿Recuerdas cómo solíamos ir a pasear juntos en los jardines Reynolda? Me gustaría hacer eso contigo el jueves por la noche. Los niños van a quedarse en casa de mi mamá. ¿Crees que sería posible?".

»Pídele algo específico, no algo general. No digas: "Quiero que pasemos más tiempo juntos". Eso es muy vago. ¿Cómo sabrás que eso se cumplió? No obstante, si haces una petición específica, él sabrá con exactitud lo que quieres y tú sabrás que cuando lo haga, habrá decidido hacer algo por ti.

»Haz esto cada mes. Si lo hace, bien; si no lo hace, bien. Aun así, cuando lo haga, sabrás que está respondiendo a tus necesidades. En el proceso, le estás enseñando tu lenguaje primario del amor, porque tus peticiones están de acuerdo con tu lenguaje del amor. Si decide comenzar a amarte en tu lenguaje primario del amor, tus emociones positivas hacia él empezarán a salir a flote. Tu tanque emocional se llenará y, con el tiempo, renacerá el matrimonio.

—Doctor Chapman, haría cualquier cosa si fuera a suceder eso —dijo Ana.

—Bueno —respondí—, eso requerirá mucho trabajo difícil, pero creo que vale la pena probar. En lo personal, estoy interesado en ver si este experimento da resultado y si nuestra hipótesis es verdadera. Me gustaría reunirme contigo con regularidad mientras dure este proceso, tal vez cada dos semanas, y me gustaría llevar un registro de las palabras positivas de afirmación que le dices a Gabriel cada semana. Además, me gustaría que me trajeras la lista de quejas que escribes en tu cuaderno personal, sin decírselas a Gabriel. Tal vez a partir de las quejas, pueda ayudarte a confeccionar peticiones específicas para Gabriel que ayudarían a atender algunas de esas frustraciones. Al fin y al cabo, quiero que aprendas la manera de lidiar con esas irritaciones y conflictos. Sin embargo, durante estos seis meses de experimento, quiero que los escribas sin decírselos a Gabriel.

Ana se marchó y creo que tiene la respuesta a su pregunta: «¿Es posible amar a alguien que se odia?».

En los siguientes seis meses, Ana vio un tremendo cambio en la actitud de Gabriel y en su trato hacia ella. El primer mes, trató todo el asunto a la ligera. No obstante, después del segundo mes, le dio una opinión valiosa con relación a sus esfuerzos. En los últimos cuatro meses, respondió de manera positiva a casi todas sus peticiones, y los sentimientos de Ana por él comenzaron a cambiar de forma drástica. Gabriel nunca vino para consejería, pero escuchó algunos de mis discos compactos y los analizó con Ana. La alentó a que continuara con la consejería, lo cual hizo por otros tres meses después de nuestro experimento. Hasta el día de hoy, Gabriel les asegura a sus amigos que yo soy un hacedor de milagros.

Quizá tú necesites un milagro en tu matrimonio. ¿Por qué no pruebas el experimento de Ana? Dile a tu cónyuge que has estado pensando en tu matrimonio y decidiste que te gustaría hacer mejor las cosas para satisfacer sus necesidades. Pídele sugerencias de cómo podrías mejorar. Sus sugerencias serán una pista para su lenguaje primario del amor. Si no hace sugerencias, averígualo basándote en las quejas que siempre te ha presentado. Luego, por seis meses, concentra tu atención en ese lenguaje del amor. Al final de cada mes, pídele a tu cónyuge su opinión de cómo estás cumpliendo y pídele más sugerencias.

Cada vez que tu cónyuge te diga que ve mejoras, espera una semana y hazle una petición específica. La petición debe ser algo que quieres que haga por ti. Si decide hacerlo, sabrás que está respondiendo a tus necesidades. Si no honra tu petición, continúa amándolo. Tal vez el próximo mes responda de manera positiva. Si tu cónyuge comienza a hablar tu lenguaje del amor al responder a tus peticiones, volverán tus sentimientos positivos hacia él y, con el tiempo, renacerá tu matrimonio. No puedo garantizar los resultados, pero a muchas personas que he aconsejado han experimentado el milagro del amor.

Tu turno

Si tu matrimonio está en los serios problemas analizados en este capítulo, necesitas comenzar a hacer un fuerte compromiso de voluntad a fin de emprender el siguiente experimento. Corres el riesgo de más dolor y rechazo, pero también te preparas para recuperar un matrimonio saludable y satisfactorio. Considera los riesgos; vale la pena el intento.

1. *Pregunta cómo puedes ser un mejor cónyuge, y sea cual fuere la actitud del otro, actúa de acuerdo a lo que te dice. Continúa para que busques más participación y cumplimiento de esos deseos de todo tu corazón y voluntad. Asegúrale a tu cónyuge que tus motivos son puros.*

2. *Cuando recibas opiniones positivas, sabes que hay progreso. Cada mes haz una petición específica que no sea amenazadora y que le resulte fácil a tu cónyuge. Asegúrate que se relacione con tu lenguaje primario del amor y que te ayude a rellenar tu tanque vacío.*

3. *Cuando tu cónyuge responda y supla tu necesidad, tendrás la disposición de reaccionar no solo con tu voluntad, sino con tus emociones también. Sin exageración, continúa los comentarios positivos y de afirmación de tu cónyuge en esos momentos.*

LOS 5 LENGUAJES
DEL AMOR

Palabras de afirmación
Tiempo de calidad
Regalos
Actos de servicio
Toque físico

capítulo 13

Un comentario personal

Bueno, ¿qué te parece? Después de leer estas páginas, de entrar y salir de las vidas de varias parejas, visitar pequeños pueblos y grandes ciudades, sentarte conmigo en la oficina de consejería y conversar con la gente en los restaurantes, ¿qué piensas? ¿Podrían estos conceptos alterar de manera radical el clima emocional de tu matrimonio? ¿Qué pasaría si descubrieras el lenguaje primario del amor de tu cónyuge y decidieras hablarlo con regularidad?

Ni tú ni yo podemos responder esta pregunta hasta que no lo experimentemos. Sé que muchas parejas que han escuchado este concepto en mis seminarios para matrimonios dicen que la decisión de amar y expresarse en el lenguaje primario del amor de su cónyuge ha sido determinante en gran medida en su matrimonio. Cuando se satisface la necesidad emocional por amor, se crea un ambiente donde la pareja puede lidiar con el resto de la vida de una manera mucho más productiva. Considera a Raquel y Marcos. Raquel descubrió que el lenguaje primario del amor de Marcos era palabras de afirmación, aplicado casi siempre a algo específico («Me gusta cómo me proteges; me hace sentir amada»). «Esto me ayuda mucho a comprenderlo», me dijo. «Ahora bien, ¡eso no quiere decir que yo siempre diga lo adecuado! Aun así, el solo conocimiento de cómo es su naturaleza nos ha acercado». Raquel dice que su lenguaje del amor es los actos de servicio. «Marcos me elogiaría por algo, debido a que ese es su lenguaje del amor y, de algún modo, nunca me hacía sentir tan genial. Sin embargo, cuando descubrimos que lo que yo valoraba en realidad eran los actos de servicio, incluso algo tan sencillo como traerme el café a la cama en la mañana, nuestro matrimonio dio un gran paso de avance».

Cada uno de nosotros va al matrimonio con una personalidad y una historia diferentes. Traemos un bagaje emocional a nuestra relación matrimonial. Venimos con diferentes expectativas, maneras de enfrentar las cosas y opiniones en cuanto a lo que importa en la vida. En un matrimonio saludable, se debe procesar esa variedad de perspectivas. No hace falta que estemos de acuerdo en todo, pero debemos encontrar una manera de ocuparnos de nuestras diferencias de modo que no causen divisiones.

> **No hace falta que** estemos de acuerdo en todo, **pero debemos encontrar una manera** de ocuparnos de nuestras diferencias **de modo que no** causen divisiones.

Con tanques del amor vacíos, las parejas tienden a discutir y distanciarse, y algunas hasta tienden a la violencia verbal o física en sus discusiones. Sin embargo, cuando el tanque del amor está lleno, creamos un ambiente de amistad, un ambiente que busca la comprensión, que está dispuesto a permitir las diferencias y a negociar los problemas. Estoy convencido que ninguna esfera del matrimonio afecta tanto el resto del mismo como la necesidad de amor.

La capacidad de amar, en especial cuando tu cónyuge no te ama, puede parecer imposible para algunos. Tal amor quizá requiera que hagamos uso de nuestros recursos espirituales. Hace varios años, cuando enfrenté mis propios conflictos matrimoniales, redescubrí mis raíces espirituales. Como crecí en la tradición cristiana, reexaminé la vida de Cristo. Cuando lo escuché orar por los que lo estaban matando: «Padre, perdónalos, porque no saben lo que hacen», supe que deseaba esa clase de amor. Le entregué mi vida a Él y descubrí que Él provee la energía espiritual interna para amar, aun cuando el amor no es correspondido.

La alta tasa de divorcios en nuestro país da testimonio de que miles de parejas casadas han estado viviendo con un tanque del amor emocional vacío. Creo que los conceptos de este libro podrían realizar un significativo impacto en los matrimonios y las familias de nuestra sociedad.

No escribí este libro como un tratado académico que se almacena en las bibliotecas de institutos y universidades, aunque espero que los profesores de sociología y psicología lo encuentren útil para cursos sobre el matrimonio y la vida familiar. No lo escribí para los que están estudiando el matrimonio, sino para los casados, para los que han experimentado la euforia del enamoramiento, que entraron al matrimonio con elevados sueños de hacerse el uno al otro muy felices, pero que en la realidad de la vida cotidiana están en peligro de perder por completo ese sueño. Es mi esperanza que miles de esas parejas no solo redescubran sus sueños, sino que vean el camino para hacer realidad sus sueños.

Sueño con un día en que el potencial de las parejas casadas en este país puedan desencadenarse por el bien de la humanidad, cuando los esposos y las esposas puedan vivir con los tanques llenos de amor emocional y logren llevar a cabo su potencial como individuos y como parejas. Sueño con un día en que los niños puedan crecer en hogares llenos de amor y seguridad, donde sus energías en desarrollo puedan canalizarse para el aprendizaje y el servicio antes que en la búsqueda del amor que no recibieron en el hogar. Es mi deseo que este breve volumen encienda la llama del amor en tu matrimonio y en los matrimonios de otras miles de parejas como la tuya.

Escribí esto para ti. Espero que cambie tu vida. Además, si lo hace, asegúrate de dárselo a otra persona. Me gustaría que le dieras un ejemplar de este libro a tu familia, a tus hermanos y hermanas, a tus hijos casados, a tus empleados, a los de tu club social, iglesia o sinagoga. ¿Quién sabe? Quizá juntos veamos que nuestro sueño se convierte en realidad.

Para una guía de discusión gratuita en inglés, visita:

www.5lovelanguages.com

*Esta guía de discusión en grupo se diseñó para ayudar
a las parejas a la hora de aplicar los conceptos de* Los cinco
lenguajes del amor *y para estimular el diálogo genuino
entre los grupos de estudio.*

LOS 5 LENGUAJES DEL AMOR

Palabras de afirmación
Tiempo de calidad
Regalos
Actos de servicio
Toque físico

Los cinco lenguajes del amor
Preguntas frecuentes

1. ¿Qué tal si no puedo descubrir mi lenguaje primario del amor?

«He tomado el "Perfil de los cinco lenguajes del amor" y mis resultados salen casi iguales, excepto para *regalos*. Sé que no es mi lenguaje primario del amor».

En el libro, analizo tres métodos para descubrir tu lenguaje del amor.

- Primero, observa cómo casi siempre les expresas amor a otros. Si haces actos de servicio a otros con regularidad, este quizá sea tu lenguaje del amor. Si eres consecuente, afirmando a las personas con palabras, es probable que tu lenguaje del amor sea *palabras de afirmación*.

- ¿De qué te quejas casi siempre? Cuando le dices a tu cónyuge: «No creo que alguna vez me tocaras si yo no tomo la iniciativa», revelas que el *toque físico* es tu lenguaje del amor. Cuando tu cónyuge se va de viaje de negocios y le dices: «¿No me trajiste nada?», estás indicando que recibir *regalos* es tu lenguaje. La declaración: «Nosotros nunca pasamos tiempo juntos», indica el lenguaje del amor de *tiempo de calidad*. Tus quejas revelan tus íntimos deseos. (Si tienes dificultad recordando de lo que te quejas con más frecuencia, te sugiero que se lo preguntes a tu cónyuge. Es probable que lo sepa).

• ¿Qué le pides más a menudo a tu cónyuge? Si dices: «¿Me puedes dar un masaje en la espalda?», le pides el *toque físico*. «¿Crees que podríamos salir un fin de semana este mes?» es una petición por *tiempo de calidad*. «¿Te sería posible cortar el césped esta tarde?» expresa tu deseo por *actos de servicio*. (Es probable que tu respuesta a estas tres preguntas revele tu lenguaje primario del amor).

Un esposo me dijo que descubrió su lenguaje del amor al seguir el sencillo proceso de eliminación. Sabía que recibir *regalos* no era su lenguaje, así que solo le quedaban cuatro. Se preguntó: «Si tuviera que renunciar a uno de los cuatro, ¿cuál abandonaría primero?». Su respuesta fue *tiempo de calidad*. «De los tres restantes, si tuviera que abandonar otro, ¿a cuál renunciaría?». Concluyó que, aparte de la relación sexual, renunciaría al *toque físico*. Podía vivir sin las palmaditas, los abrazos y sin tomarse de las manos. Estos dejaban los *actos de servicio* y las *palabras de afirmación*. Aunque apreciaba las cosas que hacía su esposa por él, sabía que sus palabras de afirmación eran lo que le daban vida en realidad. Podía pasarse un día entero con uno de sus comentarios positivos. Por lo tanto, su lenguaje primario del amor era *palabras de afirmación* y su lenguaje secundario del amor era *actos de servicio*.

2. ¿Qué tal si no puedo descubrir el lenguaje primario del amor de mi cónyuge?

«Mi esposo no ha leído el libro, pero hemos hablado sobre los lenguajes del amor. Dice que no sabe cuál es su lenguaje del amor».

Mi primera sugerencia es darle un ejemplar de *Los cinco lenguajes del amor: Edición para hombres*. Dado que está dirigido de manera específica a los esposos, es más probable que lo lea. Si lo hace, estará deseoso de hablarte acerca de su lenguaje del amor. No obstante, si está dispuesto a leer el libro, te sugeriría que respondas las tres preguntas que analizamos antes.

- ¿Cómo casi siempre les expresa amor a otros?
- ¿De qué se queja con más frecuencia?
- ¿Qué pide más a menudo?

Aunque, por lo general, las quejas de nuestro cónyuge nos irritan, nos dan una información valiosa en realidad. Si un cónyuge dice: «Nosotros jamás pasamos tiempo juntos», quizá uno se sienta tentado a decir: «¿Qué quieres decir? Fuimos a cenar el jueves por la noche». Tal declaración tan defensiva terminará la conversación. No obstante, si respondes: «¿Qué quieres que hagamos?», es probable que obtengas una respuesta. Las quejas de tu cónyuge son los indicadores más poderosos del lenguaje primario del amor.

Otro método es hacer un experimento de cinco semanas. La primera semana, enfócate en uno de los cinco lenguajes del amor, procura hablarlo cada día y observa la respuesta de tu cónyuge. El sábado y el domingo, relájate. La segunda semana, de lunes a viernes, enfócate en otro de los lenguajes del amor y continúa con un lenguaje diferente cada una de las cinco semanas. En la semana que estés hablando el lenguaje primario del amor de tu cónyuge, es probable que notes una diferencia en su semblante y en la manera de responderte. Será obvio que este es su lenguaje primario del amor.

3. ¿Cambia tu lenguaje del amor con la edad?

Creo que nuestro lenguaje primario del amor tiende a quedarse con nosotros para toda la vida. Es igual que muchos otros rasgos de la personalidad que se desarrollan temprano y mantienen la coherencia. Por ejemplo, es probable que una persona muy organizada fuera organizada en la niñez. Una persona que es más tranquila y relajada quizá fuera así desde la niñez. Este es el caso de numerosos rasgos de la personalidad.

Sin embargo, existen ciertas situaciones en la vida que hacen los otros lenguajes del amor muy atractivos. Por ejemplo, tu lenguaje primario del amor quizá sea *palabras de afirmación*, pero si eres la madre de tres niños en edad preescolar, los *actos de servicio* de tu esposo tal vez sean muy atractivos para ti. Si te da solo *palabras de afirmación* y no te brinda ayuda con las responsabilidades del hogar, es posible que comiences a sentir: «Estoy cansada de escucharte decir "Te amo", cuando nunca mueves un dedo para ayudarme». Durante esos años, tal vez parezca que los *actos de servicio* se han convertido en tu lenguaje primario del amor. No obstante, si terminan las *palabras de afirmación*, enseguida sabrás que estas siguen siendo tu lenguaje primario del amor.

Si experimentas la muerte de un padre o un amigo cercano, aunque tu lenguaje primario del amor no sea el *toque físico*, un abrazo prolongado de tu cónyuge puede ser la cosa más significativa para ti en ese momento. Hay algo en todo esto que sucede en medio del dolor que comunica que nos aman. Aunque el *toque físico* no sea tu lenguaje primario del amor, es de suma importancia en tales ocasiones.

4. ¿Da resultado el concepto de los cinco lenguajes del amor en los niños?

Por supuesto que sí. Me gusta visualizar que dentro de cada niño hay un tanque del amor emocional. Si el niño siente que sus padres le aman, se desarrolla con normalidad. No obstante, si el tanque del amor está vacío y el niño no se siente amado, crecerá con muchas luchas internas y durante los años de la adolescencia buscará amor, a menudo en los lugares equivocados. Es de suma importancia que los padres aprendan cómo amar a sus hijos de manera eficiente. Hace algún tiempo, me asocié con el psiquiatra Ross Campbell y escribimos el libro *Los cinco lenguajes del amor de los niños*[6]. Se escribió para los padres y se diseñó para ayudarlos a descubrir el lenguaje primario del amor del niño. Además, analiza cómo este interactúa con el enojo y el aprendizaje del niño y la disciplina.

Uno de los puntos que elaboramos en el libro es que los niños necesitan aprender la manera de recibir y dar amor en los cinco lenguajes. Esto genera un adulto saludable en lo emocional. Por lo tanto, a los padres se les anima a darles grandes dosis del lenguaje primario del amor del niño, rociado con los otros cuatro con regularidad. Cuando el niño recibe amor en los cinco lenguajes, a la larga aprenderá cómo dar amor en los cinco lenguajes.

5. **¿Cambian los lenguajes del amor de los niños cuando llegan a la adolescencia?**

Un padre dijo: «Leí el libro suyo y del Dr. Campbell *Los cinco lenguajes del amor de los niños*. En realidad, me ayudó en la crianza de nuestros hijos. Sin embargo, ahora nuestro hijo es adolescente. Hoy en día, hacemos las mismas cosas que siempre hemos hecho, pero tal parece que no da resultado. Me pregunto si ha cambiado su lenguaje del amor».

No creo que el lenguaje de amor del niño cambie a los trece años de edad. Sin embargo, debes aprender nuevas maneras para hablarlo. Todo lo que has hecho en el pasado, el adolescente lo considera infantil y no quiere tener nada que ver con eso. Si el lenguaje del amor del adolescente es el *toque físico* y lo has estado abrazando y besando en la mejilla, quizá te aparte y diga: «Déjame en paz». Eso no significa que no necesite el toque físico; quiere decir que esos toques en particular los considera infantiles. Ahora hay que hablar el *toque físico* en dialectos más adultos tales como un codazo por el costado, un puñetazo en el hombro, una palmada por la espalda o luchar con el adolescente en el suelo. La peor cosa que puedes hacerle a un adolescente cuyo lenguaje del amor es el *toque físico* es distanciarte cuando te dice: «No me toques».

En mi libro *Los cinco lenguajes del amor de los jóvenes*[7], escrito para los padres, también analizo el deseo del adolescente por libertad y la necesidad de vincular el desarrollo de la libertad con una responsabilidad progresiva. A medida que crecen los adolescentes, se vuelven más capaces. Así que necesitan tener más responsabilidades. Cuando esas responsabilidades están vinculadas con una mayor libertad, el adolescente se motiva a convertirse en un joven responsable.

Por ejemplo, si le vas a permitir a tu hijo adolescente que conduzca un auto, esta libertad debe ir acompañada de una responsabilidad tal como lavar el auto todos los sábados por el mediodía. Si no cumple con esta responsabilidad, debe haber consecuencias concretas ya vigentes, como la pérdida del privilegio de conducir durante dos días. Si el padre siempre aplica las consecuencias, el adolescente tendrá un auto muy limpio y aprenderá que la libertad y la responsabilidad son las dos caras de una misma moneda.

6. ¿Qué tal si el lenguaje primario del amor de tu cónyuge es difícil para ti?

«No crecí en una familia dada al toqueteo y ahora descubrí que el lenguaje del amor de mi cónyuge es el *toque físico*. Es muy difícil para mí iniciar el toque físico».

La buena noticia es que todos los lenguajes del amor se pueden aprender. Es cierto que casi todos nosotros crecimos hablando solo uno o dos de esos lenguajes del amor. Estos vendrán con naturalidad a nosotros y serán bastante fáciles. Los otros hay que aprenderlos. Como en todas las situaciones de aprendizaje, los pequeños pasos conducen a grandes ganancias. Si el *toque físico* es el lenguaje de tu cónyuge y tú no eres uno que «toca» por naturaleza, comienza con pequeñas cosas como ponerle la mano en el hombro mientras le sirves una taza de café o darle una «palmadita amorosa» en el hombro mientras caminan. Esos pequeños toques empezarán a romper la barrera. El próximo toque será cada vez más fácil que el anterior. Puedes llegar a dominar el lenguaje del *toque físico*.

Lo mismo ocurre con los otros lenguajes. Si no eres una persona de *palabras de afirmación* y descubres que el lenguaje de tu cónyuge es *palabras de afirmación*, puedes elaborar, como indiqué en el libro, una lista de declaraciones que escuches de otras personas o leas en revistas o libros. Párate delante de un espejo y lee la lista hasta que te sientas más cómodo escuchándote decir esas palabras. A continuación, escoge una de las declaraciones, entra al dormitorio y dísela a tu cónyuge. Cada vez que las afirmes, te será más fácil. No solo tu cónyuge se sentirá bien con el cambio de tu comportamiento, sino que tú también te sentirás bien contigo mismo, porque sabes que expresas su lenguaje del amor con eficiencia.

7. ¿Algunos lenguajes del amor se encuentran más entre las mujeres y otros entre los hombres?

Nunca he hecho la investigación a fin de descubrir si los lenguajes del amor tienen inclinación de género. Quizá sea cierto que más hombres tengan el *toque físico* y las *palabras de afirmación* como sus lenguajes del amor y más mujeres tengan *tiempo de calidad* y *regalos*. Sin embargo, no sé si sea cierto.

Prefiero lidiar con los lenguajes del amor como de género neutro. Sé que cualquiera de esos lenguajes del amor puede ser el primario de un hombre o de una mujer. Lo importante en el matrimonio es que descubras el lenguaje del amor primario y secundario de tu cónyuge y que los hables con regularidad. Si lo haces, crearás un clima emocional saludable para la madurez conyugal.

8. ¿Cómo descubrió los cinco lenguajes del amor?

En el libro, comento algunos de mis encuentros con parejas a través de los años que llevaron a darme cuenta que lo que hace que una persona se sienta amada, no necesariamente hace que otra persona se sienta amada. Durante varios años, he estado ayudando a las parejas en la oficina de consejería a descubrir lo que desea su cónyuge a fin de sentirse amado. Con el tiempo, empecé a ver patrones en sus respuestas. Por lo tanto, decidí leer las notas que había hecho por más de doce años en la consejería de parejas y me pregunté: «Cuando alguien se sentaba en mi oficina y me decía: "Siento que mi cónyuge no me ama", ¿qué deseaba?». Sus respuestas caían en cinco categorías. Más adelante las llamé los cinco lenguajes del amor.

Entonces comencé a hablar de estos lenguajes en talleres y grupos de estudio. Cada vez que hablaba sobre el concepto de los lenguajes del amor, las «luces se encendían» en las parejas y se daban cuenta del porqué se habían perdido el uno al otro de manera emocional. Cuando descubrían y hablaban entre sí el lenguaje primario del amor, el clima emocional cambiaba de forma radical. Por lo tanto, decidí escribir un libro en el que hablaría del concepto, esperando influir en miles de parejas que nunca habían tenido la oportunidad de conocerme en persona. Ahora que del libro se han vendido más de cinco millones de ejemplares en inglés y se ha traducido en treinta y ocho idiomas alrededor del mundo, mis esfuerzos han sido más que recompensados.

9. **¿Los lenguajes del amor dan resultado en otras culturas?**

Dado que mi formación académica es la antropología, esta era mi pregunta cuando la editorial en español vino primero y me pidió permiso para traducir y publicar el libro en español. En un inicio dije: «No sé si el concepto dé resultado en español. Lo descubrí en el ámbito anglosajón». El editor dijo: «Leímos el libro y da resultados en español». Así que me alegró saber que el libro se traduciría y publicaría en español. Después llegó la edición en francés, la alemana, la holandesa, etc. En casi cada cultura, el libro se ha convertido en un éxito de librería de la editorial. Eso me lleva a creer que estas cinco maneras fundamentales para expresar amor son universales.

Sin embargo, los dialectos en los que se hablan estos lenguajes diferirán de cultura a cultura. Por ejemplo, la clase de toques que son apropiados en una cultura quizá no sea la apropiada en otra cultura. Los *actos de servicio* que se hablan en una cultura tal vez no se hablen en otra cultura. No obstante, cuando se hacen esas adaptaciones culturales, el concepto de los cinco lenguajes del amor tendrá un profundo impacto en las parejas de esa cultura.

10. **¿Por qué cree que tiene tanto éxito *Los cinco lenguajes del amor*?**

Creo que nuestra más profunda necesidad emocional es la de sentirnos amados. Si estamos casados, la persona que más nos gustaría que nos ame es nuestro cónyuge. Si nos sentimos amados por nuestro cónyuge, el mundo entero es brillante y la vida es maravillosa. Por otra parte, si nos sentimos rechazados o tenidos a menos, el mundo se empieza a ver oscuro.

Casi todas las parejas se casan cuando todavía tienen los sentimientos eufóricos del enamoramiento. Cuando algún tiempo después de la boda desaparecen los sentimientos eufóricos y empiezan a surgir sus diferencias, a menudo se encuentran en conflicto. Sin un plan positivo para resolver conflictos, muchas veces se encuentran hablando con aspereza el uno al otro. Las palabras duras crean sentimientos de dolor, decepción e ira. No solo sienten que no se aman, sino que también comienzan a resentirse entre sí.

Cuando las parejas leen *Los cinco lenguajes del amor*, descubren el porqué perdieron los sentimientos del amor romántico del noviazgo y cómo el amor emocional puede reavivarse en su relación. Una vez que comienzan a hablar el lenguaje primario del amor del otro, se sorprenden al ver la manera tan rápida en que se vuelven positivas sus emociones. Con un tanque del amor lleno, pueden ahora procesar sus conflictos de una forma mucho más positiva y encontrar soluciones factibles. El renacimiento del amor emocional crea un clima emocional positivo entre los dos y aprenden a trabajar juntos como equipo, donde se alientan, apoyan y ayudan el uno al otro a fin de alcanzar metas significativas.

Una vez que sucede esto, quieren darles el mensaje de los cinco lenguajes del amor a todos sus amigos. Cada año, desde su primera publicación, el libro se vende más que el año anterior. Creo que el éxito de *Los cinco lenguajes del amor* puede atribuírseles a las parejas que lo han leído, que han aprendido a hablar el lenguaje del otro y que se lo han recomendado a sus amigos.

11. ¿Qué tal si hablo el lenguaje del amor de mi cónyuge y no responde?

«Mi esposo no leería el libro, así que decidí hablar su lenguaje del amor y ver qué pasaba. Nada pasó. Ni siquiera sabía que estaba haciendo algo diferente. ¿Cuánto tiempo se supone que voy a seguir hablando su lenguaje del amor cuando no hay respuesta?».

Sé que puede llegar a ser desalentador cuando sientes que inviertes en el matrimonio y no recibes nada a cambio. Existen dos posibilidades del porqué no responde tu cónyuge. La primera y más probable es que estás hablando el lenguaje del amor equivocado. Muchas veces, las esposas dan por sentado que el lenguaje del amor de su esposo es el *toque físico*. Por lo tanto, realizan cambios significativos en la manera en que responden a los deseos sexuales de sus esposos. A menudo, iniciarán la relación sexual. A decir verdad, tratan de hablar su lenguaje del amor. Cuando él no hace mucho para reconocer sus esfuerzos, se desanima. En realidad, quizá su lenguaje primario del amor sea *palabras de afirmación*. Debido a que no siente que venga amor alguno de su parte, tal vez lo critique de palabras. Sus críticas son como puñales a su corazón, así que se distancia de ella. Su único placer en el matrimonio está en esos momentos de intimidad sexual, pero no son suficientes para aliviar la sensación emocional de rechazo que siente por sus palabras de crítica. Sufre en silencio, mientras ella se siente frustrada de que sus esfuerzos por mejorar el matrimonio no tengan éxito. El problema no es la sinceridad de ella; en realidad, el problema está en que habla el lenguaje equivocado.

Por otro lado, suponiendo que estés hablando el lenguaje primario del amor de tu cónyuge, hay otra razón del porqué quizá no responda de manera positiva. Si el cónyuge ya está involucrado en otra relación romántica, ya sea emocional o sexual, a menudo razona que tus esfuerzos han llegado demasiado tarde. Quizá hasta perciba que tus esfuerzos son temporales y poco sinceros y que solo tratas de manipularlo a fin de que se quede en el matrimonio. Incluso si tu cónyuge no está involucrado con otra persona, si tu relación ha sido hostil por mucho tiempo, quizá todavía perciba que tus esfuerzos son de manipulación.

En esta situación, la tentación es a darnos por vencidos, a dejar de hablar su lenguaje del amor porque no hay ningún resultado. La peor cosa que puedes hacer es sucumbir a esta tentación. Si te rindes, confirmarás su conclusión de que tus esfuerzos se diseñaron para manipularlo. El mejor método que puedes tener es seguir hablando su lenguaje del amor con regularidad, sin importar cómo te trate. Establécete una meta de seis meses, nueve meses o un año. Tu actitud es: «Cualquiera que sea su respuesta, voy a amarlo en su lenguaje del amor a largo plazo. Si se aleja de mí, lo hará de alguien que lo está amando de manera incondicional». Esta actitud te mantendrá en un camino positivo, aun cuando sientas desaliento. No hay nada más poderoso que puedas hacer que amar a tu cónyuge aunque no responda de manera positiva. Sea cual sea la respuesta final de tu cónyuge, tendrás la satisfacción de saber que has hecho todo lo que podías para restaurar tu matrimonio. Si al final tu cónyuge decide corresponder a tu amor, te habrás demostrado el poder del amor incondicional. Además, cosecharás los beneficios del renacimiento del amor mutuo.

12. ¿Puede renacer el amor después de la infidelidad sexual?

Nada devasta más la intimidad conyugal que la infidelidad sexual. El contacto sexual es una experiencia de vínculo emocional. Une dos personas de la manera más profunda posible. Todas las culturas tienen una ceremonia de boda pública y una consumación privada del matrimonio en la relación sexual. El acto sexual está diseñado para ser la expresión única de nuestro compromiso mutuo para toda la vida. Cuando se rompe este compromiso, es devastador para el matrimonio.

Sin embargo, esto no significa que el matrimonio esté destinado al divorcio. Si el infractor está dispuesto a romper por completo la conexión extramatrimonial y realiza el arduo trabajo de reconstruir el matrimonio, puede haber una genuina restauración. En mi propia labor de consejería, he visto decenas de parejas que han experimentado sanidad después de la infidelidad. Esto no solo involucra el rompimiento del amorío adúltero, sino el descubrimiento de lo que condujo a la aventura amorosa. El éxito en la restauración está en un enfoque doble. Primero, el infractor debe estar dispuesto a explorar sus propias creencias, su personalidad y su estilo de vida que le condujeron al amorío. Debe estar dispuesto a cambiar de actitudes y patrones de conducta. Segundo, la pareja debe estar dispuesta a darle una sincera mirada a las dinámicas de su matrimonio y ser receptivos para sustituir los patrones destructivos con los positivos de integridad y sinceridad. Por lo general, ambas cosas requieren la ayuda de un consejero profesional.

Las investigaciones indican que las parejas que tienen más probabilidades de sobrevivir la infidelidad sexual son las que reciben tanto la consejería individual como la matrimonial. La comprensión de los cinco lenguajes del amor y la decisión de hablarse el lenguaje de cada uno puede ayudar a crear un clima emocional en el que el arduo trabajo de restauración del matrimonio tendrá éxito.

13. **¿Qué hacer cuando un cónyuge se niega a hablar el lenguaje del amor aun cuando lo sabe?**

«Los dos leímos *Los cinco lenguajes del amor*, realizamos el perfil y analizamos nuestro lenguaje primario del amor el uno con el otro. Eso fue hace dos meses. Mi esposa sabe que mi lenguaje del amor es *palabras de afirmación*. Sin embargo, en dos meses, todavía no le he escuchado decir nada positivo. Su lenguaje del amor es *actos de servicio*. He comenzado a hacer varias cosas que me pidió que hiciera en la casa. Creo que aprecia lo que estoy haciendo, pero nunca me lo dice».

Permíteme comenzar diciendo que no podemos hacer que nuestro cónyuge hable nuestro lenguaje del amor. El amor es una decisión. Podemos pedir amor, pero no podemos exigir amor. Una vez dicho esto, te sugiero algunas razones del porqué tu esposa quizá no hable tu lenguaje del amor. A lo mejor creció en un hogar donde recibía pocas palabras positivas. Tal vez sus padres la criticaran mucho. Por lo tanto, no tiene un modelo positivo para hablar *palabras de afirmación*. Quizá tales palabras le resulten muy difíciles de expresar. Requerirá esfuerzo de su parte y paciencia de la tuya mientras ella aprende a hablar un lenguaje que es extranjero.

Una segunda razón por la que tal vez no hable tu lenguaje del amor es que teme que si te da *palabras de afirmación* debido a los pocos cambios que has hecho, te sentirás satisfecho de ti mismo y no continuarás para hacer los grandes cambios que espera. Esta es la idea errónea de que si recompenso la mediocridad, restringiré las aspiraciones de la persona para ser mejor. Ese es un mito común que sostienen los padres sobre la afirmación verbal a los niños. Por supuesto, es falso. Si el lenguaje primario del amor de una persona es *palabras de afirmación*, esas palabras desafían a la persona hacia mayores niveles de logro.

Mi sugerencia es que inicies el juego del tanque del amor analizado en el libro. Tú le preguntas: «En una escala de cero a diez, ¿cuán lleno está tu tanque del amor». Si te responde que menos de diez, pregunta: «¿Qué puedo hacer para llenarlo?». Lo que sea que diga, haz lo mejor según tu habilidad. Si haces esto una vez a la semana durante un mes, es probable que comience a preguntarte cuán lleno está tu tanque. Y tú puedes empezar a hacerle peticiones. Esta es una manera divertida de enseñarle cómo hablar tu lenguaje del amor.

14. ¿Puede volver el amor emocional cuando se fue hace treinta años?

«No somos enemigos. No peleamos. Solo vivimos en la misma casa como compañeros de cuarto».

Déjame responder esta pregunta con una historia real. Una pareja vino a verme en uno de mis seminarios. El esposo dijo:

—Venimos a darle las gracias por traerle nueva vida a nuestro matrimonio. Tenemos treinta años de casados, pero los últimos veinte años han estado muy vacíos. Si quiere saber lo malo que ha sido nuestro matrimonio, no hemos tomado vacaciones juntos en veinte años. Solo vivimos en la misma casa, tratando de ser civilizados y eso es todo.

»Hace un año, le conté mi lucha a un amigo. Se fue a su casa, regresó con su libro *Los cinco lenguajes del amor* y me dijo: "Lee esto. Te ayudará". La última cosa que quería hacer era leer otro libro, pero lo hice. Regresé a casa esa noche y leí todo el libro. Terminé a las tres de la mañana y, con cada capítulo, empezaban a aclararse las cosas. Me di cuenta de que, a través de los años, no habíamos podido hablar nuestros lenguajes del amor. Le di el libro a mi esposa y le pregunté si lo leería y me diría lo que pensaba al respecto. Dos semanas más tarde, me dijo:

—Leí el libro.

—¿Qué piensas de eso? —le pregunté.

—Creo que si hubiéramos leído este libro hace treinta años, nuestro matrimonio hubiera sido muy diferente.

—Eso es lo mismo que pienso yo —le dije—. ¿Crees que cambiaría en algo si lo intentáramos ahora?

—No tenemos nada que perder —me respondió.

—¿Eso significa que estás dispuesta a intentarlo? —le pregunté.

—Claro que sí. Lo intentaré —me dijo.

»Hablamos de nuestros lenguajes primarios del amor y acordamos que íbamos a tratar de hablar el lenguaje del otro por lo menos una vez a la semana y ver lo que sucedería. Si alguien me hubiera dicho que en dos meses yo tendría sentimientos de amor hacia ella otra vez, no le hubiera creído. Sin embargo, los experimenté».

La esposa tomó la palabra y dijo:

—Si alguien me hubiera dicho que alguna vez tendría sentimientos de amor hacia él otra vez, le habría dicho: "De ninguna manera. Han sucedido muchas cosas".

Luego, dijo ella:

—Este año tomamos juntos nuestras primeras vacaciones en veinte años y tuvimos un tiempo maravilloso. Condujimos más de seiscientos kilómetros para venir a su seminario y disfrutamos de nuestra compañía mutua. Solo estoy triste porque perdimos muchos años viviendo en la misma casa cuando podíamos haber tenido una relación amorosa. Gracias por su libro.

—Gracias por contarme su historia —les dije—. Espero que logren que los próximos veinte años sean tan emocionantes que los últimos veinte solo sean un recuerdo lejano.

—Eso es lo que pensamos hacer —respondieron ambos al unísono.

¿Puede renacer el amor emocional en un matrimonio después de veinte años? Sí, siempre que ustedes dos estén dispuestos a tratar de hablarse el uno al otro el lenguaje del amor.

15. Soy soltero. ¿Cómo el concepto del lenguaje del amor se ajusta a mí?

A través de los años, muchos adultos solteros me han dicho: «Sé que escribió su libro original para parejas casadas. Sin embargo, lo leí y me ayudó en todas mis relaciones. ¿Por qué no escribe un libro de los cinco lenguajes del amor para solteros?». Y así lo hice. Se titula *Los cinco lenguajes del amor para solteros*[8]. En el libro, procuro ayudar a los adultos solteros a aplicar el concepto de los cinco lenguajes del amor en todas sus relaciones. Comienzo ayudándoles a comprender el porqué se sintieron amados o no durante la niñez.

Un joven que estuvo encarcelado dijo: «Gracias por hablarnos de los cinco lenguajes del amor. Por primera vez en mi vida comprendí al fin que mi madre me ama. Me doy cuenta que mi lenguaje del amor es el *toque físico*, pero mi madre nunca me abrazaba. Es más, el primer abrazo que recuerdo haber recibido alguna vez de mi madre fue el día que salí de la prisión. Aun así, me doy cuenta de que ella hablaba de manera muy enfática los *actos de servicio*. Trabajaba duro para pagar la comida y la ropa, y para proveernos un lugar para vivir. Hoy en día sé que me amaba; solo que no hablaba mi lenguaje. Por eso ahora comprendo que me amaba de verdad».

Además, ayudo a los solteros a que apliquen el concepto de los cinco lenguajes del amor en sus relaciones entre hermanos, en el trabajo y en el noviazgo. La respuesta de los adultos solteros me ha alentado mucho. Espero que si tú eres soltero, descubras lo que han descubierto otros. La expresión del amor en el lenguaje primario del amor de una persona mejora todas las relaciones.

LOS 5 LENGUAJES DEL AMOR

Palabras de afirmación
Tiempo de calidad
Regalos
Actos de servicio
Toque físico

Una versión interactiva en inglés de este perfil
personal está disponible también en
www.5lovelanguages.com

Los cinco lenguajes del amor
Perfil *para los* esposos

Es posible que pienses que ya sabes cual es tu lenguaje primario del amor. Sin embargo, quizá no tengas ni idea. El perfil de los cinco lenguajes del amor te ayudará a saber con certeza cuál es tu lenguaje del amor: Palabras de afirmación, tiempo de calidad, regalos, actos de servicio o toque físico.

El perfil consta de treinta pares de declaraciones. Solo puedes escoger una declaración de cada par como la que representa mejor tu deseo. Lee cada par de declaraciones y después, en la columna de la derecha, circula la letra que coincida con la declaración que escogiste. Tal vez a veces sea difícil decidir entre las dos declaraciones, pero solo deberás escoger una de cada par a fin de garantizar los resultados más exactos del perfil.

Al menos, toma quince a treinta minutos para terminar el perfil. Tómalo cuando estés relajado y no trates de hacerlo deprisa. Una vez que hiciste tu selección, regresa y cuenta el número de veces que circulaste cada letra. Puedes anotar los resultados en los espacios apropiados al final del perfil.

Es posible que tu esposa no haga algunos de estos, pero si lo hiciera, ¿cuál preferirías de cada par?

1
A mi esposa le encanta hacerme sentir bien.   A
Me encantan los abrazos de mi esposa.   E

2
Me gusta estar solo con mi esposa.   B
Me siento amado cuando mi esposa me ayuda a trabajar.   D

3
Me da gusto cuando mi esposa me hace regalos.   C
Disfruto los viajes largos con mi esposa.   B

4
Me siento amado cuando mi esposa me lava la ropa.   D
Me gusta cuando mi esposa me toca.   E

5
Me siento amado cuando mi esposa me rodea con sus brazos.   E
Sé que mi esposa me ama porque me sorprende con regalos.   C

6
Me gusta ir a la mayoría de los lugares con mi esposa.   B
Me encanta tomar de la mano a mi esposa.   E

7
Valoro los regalos que me da mi esposa.   C
Me encanta escuchar a mi esposa decir que me ama.   A

8
Me gusta que mi esposa se siente junto a mí.   E
Mi esposa me dice que me veo bien, y eso me encanta.   A

9
Me hace feliz pasar tiempo con mi esposa.   B
Incluso los pequeños regalos de mi esposa son importantes para mí.   C

10
Me siento amado cuando mi esposa me dice que está orgullosa de mí.   A
Cuando mi esposa me prepara una comida, sé que me ama.   D

11
No importa lo que hagamos, me gusta hacer cosas con mi esposa.   B
Los comentarios amables de mi esposa me hacen sentir bien.   A

12
Las pequeñas cosas que mi esposa hace para mí significan más que lo que dice.   D
Me encanta abrazar a mi esposa.   E

13
El elogio de mi esposa significa muchísimo para mí.   A
Significa mucho para mí que mi esposa me dé regalos que me gustan de verdad.   C

14
Me siento bien con solo estar cerca de mi esposa.   B
Me encanta cuando mi esposa me frota la espalda.   E

15
Las reacciones de mi esposa ante mis logros son muy alentadoras.   A
Significa mucho para mí cuando mi esposa me ayuda en algo que sé que detesta.   D

16
Nunca me cansan los besos de mi esposa.   E
Me encanta que mi esposa muestre verdadero interés en las cosas que me gustan hacer.   B

17
Puedo contar con la ayuda de mi esposa en los proyectos.   D
Todavía me emociono cuando abro un regalo de mi esposa.   C

18
Me encanta que mi esposa elogie mi apariencia.   A
Me encanta que mi esposa escuche mis ideas y no se apresure a juzgar ni a criticar.   B

19
No puedo dejar de tocar a mi esposa cuando está cerca.   E
A veces mi esposa hace diligencias para mí y aprecio eso.   D

20
Mi esposa se merece un premio por todas las cosas que hace para ayudarme.   D
A veces me asombra de cuán significativos son para mí los regalos de mi esposa.   C

21 Me encanta tener toda la atención de mi esposa. B

Mantener la casa limpia es un importante acto de servicio. D

22 Espero con ansias ver lo que mi esposa me dará por mi cumpleaños. C

No me canso de escuchar a mi esposa decirme lo importante que soy para ella. A

23 Mi esposa me dice que me ama al darme regalos. C

Mi esposa muestra su amor al ayudarme a ponerme al día en los proyectos en la casa. D

24 Mi esposa no me interrumpe cuando estoy hablando, y eso me gusta. B

No me canso de recibir regalos de mi esposa. C

25 Mi esposa se da cuenta cuando estoy cansado y es buena para preguntarme cómo puede ayudar. D

No importa a donde vayamos, me gusta viajar con mi esposa. B

26 Me encanta tener relaciones sexuales con mi esposa. E

Me encantan los regalos sorpresa de mi esposa. C

27 Las palabras alentadoras de mi esposa me dan seguridad. A

Me encanta ver películas con mi esposa. B

28 No se puede pedir un regalo mejor que el que me da mi esposa. C

No puedo apartar mis manos de mi esposa. E

29 Significa mucho para mí cuando mi esposa me ayuda a pesar de que tiene que hacer otras cosas. D

Me hace sentir muy bien cuando mi esposa me dice que me admira. A

30 Me encanta abrazar y besar a mi esposa después de separarnos por un buen rato. E

Me encanta escuchar a mi esposa decirme que cree en mí. A

A: _____   B: _____   C: _____   D: _____   E: _____

A = Palabras de afirmación   B = Tiempo de calidad
C = Regalos   D = Actos de servicio   E = Toque físico

Interpretación y uso de la puntuación de tu perfil

Tu lenguaje primario del amor es el que recibió una mayor puntuación. Eres «bilingüe» y tienes dos lenguajes primarios del amor si la puntuación total es igual para cualquiera de los dos lenguajes. Si tu segunda puntuación mayor para el lenguaje del amor está cerca en puntuación a tu lenguaje primario del amor, pero no es igual, esto solo significa que ambas expresiones de amor son importantes para ti. La mayor puntuación posible para cualquier lenguaje del amor es 12.

Tal vez les hayas dado más puntos a ciertos lenguajes del amor que a otros, pero no descartes los demás lenguajes como insignificantes. Quizá tu esposa exprese amor de esas maneras y te será útil comprender esto acerca de ella.

De la misma manera, tu esposa se beneficiará al saber tu lenguaje del amor y te expresará cariño de las maneras en que interpretas el amor. Cada vez que tú o tu esposa hablen el lenguaje del amor del otro, se anotan puntos emocionales el uno al otro. Por supuesto, ¡esto no es un juego con un marcador! El beneficio de hablar el lenguaje del amor del otro es un mayor sentido de conexión. Esto se traduce en una mejor comunicación, una mayor comprensión y, a fin de cuentas, un mejor romance.

Si tu esposa no lo ha hecho, anímala a que realice el perfil de los cinco lenguajes del amor para esposas, el cual está disponible en la página 201. Analicen sus respectivos lenguajes del amor, ¡y usen estos conocimientos para mejorar su matrimonio!

LOS 5 LENGUAJES
DEL AMOR

Palabras de afirmación

Tiempo de calidad

Regalos

Actos de servicio

Toque físico

Los cinco lenguajes del amor
Perfil *para las* esposas

¿Palabras de afirmación, tiempo de calidad, regalos, actos de servicio o toque físico? ¿Cuál de estos es tu lenguaje primario del amor? El siguiente perfil te ayudará a saberlo con seguridad. Entonces, ¡tú y tu esposo pueden analizar sus respectivos lenguajes del amor y usar esta información a fin de mejorar su matrimonio!

El perfil consta de treinta pares de declaraciones. Solo puedes escoger una declaración de cada par como la que representa mejor tu deseo. Lee cada par de declaraciones y después, en la columna de la derecha, circula la letra que coincida con la declaración que escogiste. Tal vez a veces sea difícil decidir entre las dos declaraciones, pero solo deberás escoger una de cada par a fin de garantizar los resultados más exactos del perfil. Una vez que termines de hacer tus selecciones, regresa y cuenta el número de veces que circulaste cada letra. Anota los resultados en los espacios apropiados al final del perfil. Tu lenguaje primario del amor es el que recibe más puntos.

Es posible que tu esposo no haga algunos de estos, pero si lo hiciera, ¿cuál preferirías?

1
Las notas cariñosas de mi esposo me hacen sentir bien. — A
Me encantan los abrazos de mi esposo. — E

2
Me gusta estar a solas con mi esposo. — B
Me siento amada cuando mi esposo me lava el auto. — D

3
Me hace feliz recibir regalos especiales de mi esposo. — C
Disfruto los viajes largos con mi esposo. — B

4
Me siento amada cuando mi esposo me ayuda a lavar la ropa. — D
Me gusta cuando mi esposo me toca. — E

5
Me siento amada cuando mi esposo me rodea con sus brazos. — E
Sé que mi esposo me ama porque me sorprende con regalos. — C

6
Me gusta ir a la mayoría de los lugares con mi esposo. — B
Me encanta tomar de la mano a mi esposo. — E

7
Valoro los regalos que me da mi esposo. — C
Me encanta escuchar a mi esposo decir que me ama. — A

8
Me gusta que mi esposo se siente junto a mí. — E
Mi esposo me dice que me veo bien, y eso me encanta. — A

9
Me hace feliz pasar tiempo con mi esposo. — B
Incluso los pequeños regalos de mi esposo son importantes para mí. — C

10
Me siento amada cuando mi esposo me dice que está orgulloso de mí. — A
Cuando mi esposo me ayuda a limpiar después de la comida, sé que me ama. — D

11
No importa lo que hagamos, me gusta hacer cosas con mi esposo.   B
Los comentarios amables de mi esposo me hacen sentir bien.   A

12
Las pequeñas cosas que mi esposo hace para mí significan más que lo que dice.   D
Me encanta abrazar a mi esposo.   E

13
El elogio de mi esposo significa muchísimo para mí.   A
Significa mucho para mí que mi esposo me dé regalos que me gustan de verdad.   C

14
Me siento bien con solo estar cerca de mi esposo.   B
Me encanta cuando mi esposo me da un masaje.   E

15
Las reacciones de mi esposo ante mis logros son muy alentadoras.   A
Significa mucho para mí cuando mi esposo me ayuda en algo que sé que detesta.   D

16
Nunca me cansan los besos de mi esposo.   E
Me encanta que mi esposo muestre verdadero interés en las cosas que me gustan hacer.   B

17
Puedo contar con la ayuda de mi esposo en los proyectos.   D
Todavía me emociono cuando abro un regalo de mi esposo.   C

18
Me encanta que mi esposo elogie mi apariencia.   A
Me encanta que mi esposo me escuche y respete mis ideas.   B

19
No puedo dejar de tocar a mi esposo cuando está cerca.   E
A veces mi esposo hace diligencias para mí y aprecio eso.   D

20
Mi esposo se merece un premio por todas las cosas que hace para ayudarme.   D
A veces me asombra lo significativos que son para mí los regalos de mi esposo.   C

21 Me encanta tener toda la atención de mi esposo.   B

Me encanta que mi esposo me ayude a limpiar la casa.   D

22 Espero con ansias ver lo que mi esposo me dará por mi cumpleaños.   C

No me canso de escuchar a mi esposo decirme lo importante que soy para él.   A

23 Mi esposo me dice que me ama al darme regalos.   C

Mi esposo muestra su amor al ayudarme sin tener que pedírselo.   D

24 Mi esposo no me interrumpe cuando estoy hablando, y eso me gusta.   B

Nunca me canso de recibir regalos de mi esposo.   C

25 Mi esposo es amable al preguntarme cómo puede ayudar cuando estoy cansada.   D

No importa a donde vayamos, me gusta viajar con mi esposo.   B

26 Me encanta acurrucarme con mi esposo.   E

Me encantan los regalos sorpresa de mi esposo.   C

27 Las palabras alentadoras de mi esposo me dan seguridad.   A

Me encanta ver películas con mi esposo.   B

28 No se puede pedir un regalo mejor que el que me da mi esposo.   C

Me encanta que mi esposo no pueda apartar sus manos de mí.   E

29 Significa mucho para mí cuando mi esposo me ayuda a pesar de estar ocupado.   D

Me hace sentir muy bien cuando mi esposo me dice que me admira.   A

30 Me encanta abrazar y besar a mi esposo después de separarnos por un buen rato.   E

Me encanta escuchar a mi esposo decirme que me extraña.   A

A: _____   B: _____   C: _____   D: _____   E: _____

A = Palabras de afirmación   B = Tiempo de calidad
C = Regalos   D = Actos de servicio   E = Toque físico

Interpretación y uso de la puntuación de tu perfil

Tu lenguaje primario del amor es el que recibió una mayor puntuación. Eres «bilingüe» y tienes dos lenguajes primarios del amor si la puntuación total es igual para cualquiera de los dos lenguajes. Si tu segunda puntuación mayor para el lenguaje del amor está cerca en puntuación a tu lenguaje primario del amor, pero no es igual, esto solo significa que ambas expresiones de amor son importantes para ti. La mayor puntuación posible para cualquier lenguaje del amor es 12.

Tal vez les hayas dado más puntos a ciertos lenguajes del amor que a otros, pero no descartes los demás lenguajes como insignificantes. Quizá tu esposo exprese amor de esas maneras y te será útil comprender esto acerca de él. De la misma manera, tu esposo se beneficiará al saber tu lenguaje del amor y al expresarte su cariño de las maneras en que interpretas el amor. Cada vez que tú o tu esposo hablen el lenguaje del amor del otro, se anotan puntos emocionales el uno al otro. Por supuesto, ¡esto no es un juego con un marcador! El beneficio de hablar el lenguaje del amor del otro es un mayor sentido de conexión. Esto se traduce en una mejor comunicación, una mayor comprensión y, a fin de cuentas, un mejor romance.

Si tu esposo no lo ha hecho, anímalo a que realice el perfil de los cinco lenguajes del amor para esposos en la página 195. Analicen sus respectivos lenguajes del amor, ¡y usen estos conocimientos para mejorar su matrimonio!

Notas

1. Ron L. Deal, «The Stepcouple Divorce Rate May Be Higher Than We Thought», www.successfulstepfamilies. com/view/176; accedido el 5 de noviembre de 2010.
2. Proverbios 18:21
3. Proverbios 12:25
4. Lucas 6:27-28, 31-32
5. Lucas 6:38
6. Gary Chapman y Ross Campbell, *Los cinco lenguajes del amor de los niños*, Editorial Unilit, Miami, FL, 1998.
7. Gary Chapman, *Los cinco lenguajes del amor de los jóvenes*, Editorial Unilit, Miami, FL, 2003.
8. Gary Chapman, *Los cinco lenguajes del amor para solteros*, Editorial Unilit, Miami, FL, 2005.